TRANZLATY

La Langue est pour tout le Monde

השפה מיועדת לכולם

Le Manifeste Communiste

המניפסט הקומוניסטי

Karl Marx
&
Friedrich Engels

Français / עברית

Introduction
מבוא

Un spectre hante l'Europe : le spectre du communisme

רוח רפאים רודפת את אירופה – רוח הרפאים של הקומוניזם

Toutes les puissances de la vieille Europe ont conclu une sainte alliance pour exorciser ce spectre

כל המעצמות של אירופה הישנה נכנסו לברית קדושה כדי לגרש את רוח הרפאים הזו

Le pape et le tsar, Metternich et Guizot, les radicaux français et les espions de la police allemande

אפיפיור וצאר, מטרניך וגיזות, רדיקלים צרפתים ומרגלים משטרתיים גרמנים

Où est le parti dans l'opposition qui n'a pas été décrié comme communiste par ses adversaires au pouvoir ?

איפה המפלגה באופוזיציה שלא הוקעה כקומוניסטית על ידי מתנגדיה בשלטון?

Où est l'opposition qui n'a pas rejeté le reproche de marque du communisme contre les partis d'opposition les plus avancés ?

איפה האופוזיציה שלא הטילה את התוכחה המיתוגית של הקומוניזם, נגד מפלגות האופוזיציה המתקדמות יותר ?

Et où est le parti qui n'a pas porté l'accusation contre ses adversaires réactionnaires ?

ואיפה המפלגה שלא האשימה את יריביה הריאקציונרים?

Deux choses résultent de ce fait

שני דברים נובעים מעובדה זו

I. Le communisme est déjà reconnu par toutes les puissances européennes comme étant lui-même une puissance

I. הקומוניזם כבר מוכר על ידי כל המעצמות האירופיות כמעצמה בפני עצמה

II. Il est grand temps que les communistes publient ouvertement, à la face du monde entier, leurs vues, leurs buts et leurs tendances

II. הגיע הזמן שהקומוניסטים יפרסמו בגלוי, בפני העולם כולו, את השקפותיהם, מטרותיהם ונטיותיהן

ils doivent répondre à ce conte enfantin du spectre du communisme par un manifeste du parti lui-même

הם חייבים לפגוש את סיפור הילדים הזה של רוח הרפאים של הקומוניזם עם מניפסט של המפלגה עצמה

À cette fin, des communistes de diverses nationalités se sont réunis à Londres et ont esquissé le manifeste suivant

לשם כך, קומוניסטים מלאומים שונים התאספו בלונדון ושרטטו את המניפסט הבא

ce manifeste sera publié en anglais, français, allemand, italien, flamand et danois

מניפסט זה יפורסם בשפות אנגלית, צרפתית, גרמנית, איטלקית, פלמית ודנית

Et maintenant, il doit être publié dans toutes les langues proposées par Tranzlaty

ועכשיו זה עומד להתפרסם בכל השפות כי Tranzlaty מציע

Les bourgeois et les prolétaires
הבורגנים והפרולטרים

L'histoire de toutes les sociétés qui ont existé jusqu'à présent est l'histoire des luttes de classes

ההיסטוריה של כל החברות שהיו קיימות עד כה היא ההיסטוריה של מאבקי המעמדות

Homme libre et esclave, patricien et plébéien, seigneur et serf, maître de guilde et compagnon

בן חורין ועבד, פטריקי ופלבאי, אדון וצמית, אדון-גילדה ואיש מסע

en un mot, oppresseur et opprimé

במילה אחת, מדכא ומדוכא

Ces classes sociales étaient en opposition constante les unes avec les autres

מעמדות חברתיים אלה עמדו בניגוד מתמיד זה לזה

Ils se sont battus sans interruption. Maintenant caché, maintenant ouvert

הם המשיכו לריב ללא הפרעה. עכשיו מוסתר, עכשיו פתוח

un combat qui s'est terminé par une reconstitution révolutionnaire de la société dans son ensemble

מאבק שהסתיים בחוקה מהפכנית מחדש של החברה בכללותה

ou un combat qui s'est terminé par la ruine commune des classes en lutte

או ריב שהסתיים בחורבן משותף של המעמדות המתמודדים

Jetons un coup d'œil aux époques antérieures de l'histoire

הבה נסתכל אחורה לתקופות מוקדמות יותר של ההיסטוריה

Nous trouvons presque partout un arrangement compliqué de la société en divers ordres

אנו מוצאים כמעט בכל מקום סידור מסובך של החברה לסדרים שונים

Il y a toujours eu une gradation multiple du rang social

תמיד הייתה הדרגתיות מגוונת של מעמד חברתי

Dans la Rome antique, nous avons des patriciens, des chevaliers, des plébéiens, des esclaves

ברומא העתיקה יש לנו פטריקים, אבירים, פלבאים, עבדים

au Moyen Âge : seigneurs féodaux, vassaux, maîtres de corporation, compagnons, apprentis, serfs

בימי הביניים: אדונים פיאודליים, וסאלים, אדוני גילדות, אנשי מסע, שוליות, צמיתים

Dans presque toutes ces classes, encore une fois, les gradations subordonnées

כמעט בכל הכיתות האלה, שוב, דרגות כפופות

La société bourgeoise moderne est née des ruines de la société féodale

החברה הבורגנית המודרנית צמחה מתוך חורבות החברה הפיאודלית

Mais ce nouvel ordre social n'a pas fait disparaître les antagonismes de classe

אבל הסדר החברתי החדש הזה לא חיסל את היריבות המעמדית

Elle n'a fait qu'établir de nouvelles classes et de nouvelles conditions d'oppression

היא רק הקימה מעמדות חדשים ותנאים חדשים של דיכוי

Il a mis en place de nouvelles formes de lutte à la place des anciennes

היא ייסדה צורות חדשות של מאבק במקום הישנות

Cependant, l'époque dans laquelle nous nous trouvons possède un trait distinctif

עם זאת, לתקופה בה אנו מוצאים את עצמנו יש תכונה ייחודית אחת

l'époque de la bourgeoisie a simplifié les antagonismes de classe

תקופת הבורגנות פישטה את האנטגוניזם המעמדי

La société dans son ensemble se divise de plus en plus en deux grands camps hostiles

החברה כולה מתפצלת יותר ויותר לשני מחנות עוינים גדולים

deux grandes classes sociales qui se font directement face : la bourgeoisie et le prolétariat

שני מעמדות חברתיים גדולים הניצבים זה מול זה: בורגנות ופרולטריון

Des serfs du Moyen Âge sont sortis les bourgeois agréés des premières villes

מן הצמיתים של ימי הביניים צמחו הבורגנים השכורים של הערים הראשונות

C'est à partir de ces bourgeois que se sont développés les premiers éléments de la bourgeoisie

מבורגנים אלה התפתחו היסודות הראשונים של הבורגנות

La découverte de l'Amérique et le contournement du Cap

גילוי אמריקה והקפת הכף

ces événements ont ouvert un nouveau terrain à la bourgeoisie montante

אירועים אלה פתחו קרקע חדשה לבורגנות העולה

Les marchés des Indes orientales et de la Chine, la colonisation de l'Amérique, le commerce avec les colonies

השווקים המזרח-הודיים והסיניים, הקולוניזציה של אמריקה, הסחר עם
המושבות

l'augmentation des moyens d'échange et des marchandises
en général

הגידול באמצעי החליפין ובסחורות בכלל

Ces événements donnèrent au commerce, à la navigation et à
l'industrie une impulsion jamais connue jusque-là

אירועים אלה העניקו למסחר, לניווט ולתעשייה דחף שלא היה ידוע
קודם לכן

Elle a donné un développement rapide à l'élément
révolutionnaire dans la société féodale chancelante

היא העניקה התפתחות מהירה ליסוד המהפכני בחברה הפיאודלית
המתפוררת

Les guildes fermées avaient monopolisé le système féodal de
la production industrielle

לגילדות סגורות היה מונופול על המערכת הפיאודלית של הייצור
התעשייתי

Mais cela ne suffisait plus aux besoins croissants des
nouveaux marchés

אבל זה כבר לא הספיק לרצונות ההולכים וגדלים של השווקים
החדשים

Le système manufacturier a pris la place du système féodal
de l'industrie

מערכת הייצור תפסה את מקומה של המערכת הפיאודלית של
התעשייה

Les maîtres de guilde étaient poussés d'un côté par la classe
moyenne manufacturière

הגילדות-אדונים נדחקו מצד אחד על ידי מעמד הביניים היצרני

La division du travail entre les différentes corporations a
disparu

חלוקת העבודה בין הגילדות התאגידיות השונות נעלמה

La division du travail s'infiltrait dans chaque atelier

חלוקת העבודה חדרה לכל בית מלאכה

Pendant ce temps, les marchés ne cessaient de croître et la
demande ne cessait d'augmenter

בינתיים, השווקים המשיכו לצמוח, והביקוש עלה ללא הרף

Même les usines ne suffisaient plus à répondre à la
demande

אפילו מפעלים כבר לא הספיקו לעמוד בדרישות

À partir de là, la vapeur et les machines ont révolutionné la production industrielle

לאחר מכן, הקיטור והמכונות חוללו מהפכה בייצור התעשייתי

La place de fabrication a été prise par le géant de l'industrie moderne

את מקום הייצור תפסה התעשייה הענקית, המודרנית

La place de la classe moyenne industrielle a été prise par des millionnaires industriels

את מקומו של מעמד הביניים התעשייתי תפסו מיליונרים תעשייתיים

la place de chefs d'armées industrielles entières ont été prises par la bourgeoisie moderne

את מקומם של מנהיגי צבאות תעשייתיים שלמים תפסה הבורגנות המודרנית

la découverte de l'Amérique a ouvert la voie à l'industrie moderne pour établir le marché mondial

גילוי אמריקה סלל את הדרך לתעשייה המודרנית לבסס את השוק העולמי

Ce marché donna un immense développement au commerce, à la navigation et aux communications par terre

שוק זה נתן התפתחות עצומה למסחר, ניווט ותקשורת יבשתית

Cette évolution a, en son temps, réagi à l'extension de l'industrie

התפתחות זו, בזמנו, הגיבה על התרחבות התעשייה

elle a réagi proportionnellement à l'expansion de l'industrie et à l'extension du commerce, de la navigation et des chemins de fer

היא הגיבה ביחס לאופן שבו התעשייה התרחבה, ולאופן שבו המסחר, הניווט והרכבות התרחבו

dans la même proportion que la bourgeoisie s'est développée, elle a augmenté son capital

באותו שיעור שבו התפתחה הבורגנות, הם הגדילו את הונם

et la bourgeoisie a relégué à l'arrière-plan toutes les classes héritées du Moyen Âge

והבורגנות דחפה אל הרקע כל מעמד שהועבר מימי הביניים

c'est pourquoi la bourgeoisie moderne est elle-même le produit d'un long développement

לכן הבורגנות המודרנית היא עצמה תוצר של מהלך ארוך של התפתחות

On voit qu'il s'agit d'une série de révolutions dans les modes de production et d'échange

אנו רואים שזו סדרה של מהפכות באופני הייצור והחליפין

Chaque étape du développement de la bourgeoisie s'accompagnait d'une avancée politique correspondante

כל צעד בורגני התפתחותי לווה בהתקדמות פוליטית מקבילה

Une classe opprimée sous l'emprise de la noblesse féodale

מעמד מדוכא בהשפעת האצולה הפיאודלית

Une association armée et autonome dans la commune médiévale

אגודה חמושה ובעלת שלטון עצמי בקומונה מימי הביניים

ici, une république urbaine indépendante (comme en Italie et en Allemagne)

כאן, רפובליקה עירונית עצמאית (כמו באיטליה ובגרמניה)

là, un « tiers état » imposable de la monarchie (comme en France)

שם, "אחוזה שלישית" חייבת במס של המלוכה (כמו בצרפת)

par la suite, dans la période de fabrication proprement dite

לאחר מכן, בתקופת הייצור הנכון

la bourgeoisie servait soit la monarchie semi-féodale, soit la monarchie absolue

הבורגנות שירתה את המונרכיה הפיאודלית למחצה או את המונרכיה האבסולוטית

ou bien la bourgeoisie faisait contrepoids à la noblesse

או שהבורגנות פעלה כקונטרה נגד האצולה

et, en fait, la bourgeoisie était une pierre angulaire des grandes monarchies en général

ולמעשה, הבורגנות הייתה אבן פינה של המונרכיות הגדולות בכלל

mais l'industrie moderne et le marché mondial se sont établis depuis lors

אבל התעשייה המודרנית והשוק העולמי ביססו את עצמם מאז

et la bourgeoisie s'est emparée de l'emprise politique exclusive

והבורגנות כבשה לעצמה השפעה פוליטית בלעדית

elle a obtenu cette influence politique à travers l'État représentatif moderne

היא השיגה השפעה פוליטית זו באמצעות המדינה הייצוגית המודרנית

Les exécutifs de l'État moderne ne sont qu'un comité de gestion

מנהלי המדינה המודרנית אינם אלא ועד מנהל

et ils gèrent les affaires communes de toute la bourgeoisie

והם מנהלים את העניינים המשותפים של הבורגנות כולה

La bourgeoisie, historiquement, a joué un rôle des plus révolutionnaires

הבורגנות, מבחינה היסטורית, מילאה תפקיד מהפכני ביותר

Partout où elle a pris le dessus, elle a mis fin à toutes les relations féodales, patriarcales et idylliques

בכל מקום שבו ידה הייתה על העליונה, היא שמה קץ לכל היחסים הפיאודליים, הפטריארכליים והאידיליים

Elle a impitoyablement déchiré les liens féodaux hétéroclites qui liaient l'homme à ses « supérieurs naturels »

היא קרעה ללא רחמים את הקשרים הפיאודליים ההפכפכים שקשרו את האדם ל"ממונים הטבעיים" שלו

et il n'y a plus de lien entre l'homme et l'homme, si ce n'est l'intérêt personnel

והיא לא הותירה שום קשר בין אדם לאדם, מלבד אינטרס אישי עירום

Les relations de l'homme entre eux ne sont plus qu'un « paiement en espèces » impitoyable

יחסיהם של בני האדם זה עם זה הפכו ללא יותר מאשר "תשלום במזומן" גס

Elle a noyé les extases les plus célestes de la ferveur religieuse

היא הטביעה את האקסטזות השמימיות ביותר של להט דתי

elle a noyé l'enthousiasme chevaleresque et le sentimentalisme philistin

היא הטביעה התלהבות אבירית וסנטימנטליות פלישתית

Il a noyé ces choses dans l'eau glacée du calcul égoïste

היא הטביעה את הדברים האלה במים הקפואים של החישוב האגואיסטי

Il a transformé la valeur personnelle en valeur échangeable

היא הפכה את הערך האישי לערך בר-חליפין

elle a remplacé les innombrables et inaliénables libertés garanties par la Charte

היא החליפה את החירויות הרבות מספור והבלתי ניתנות למימוש

et il a mis en place une liberté unique et inadmissible ; Libre-échange

והיא הקימה חירות אחת, חסרת מצפון; סחר חופשי

En un mot, il l'a fait pour l'exploitation

במילה אחת, היא עשתה זאת לשם ניצול

Une exploitation voilée par des illusions religieuses et politiques

ניצול במסווה של אשליות דתיות ופוליטיות

l'exploitation voilée par une exploitation nue, éhontée, directe, brutale

ניצול במסווה של ניצול עירום, חסר בושה, ישיר וברוטלי

la bourgeoisie a enlevé l'auréole de toutes les occupations jusque-là honorées et vénérées

הבורגנות הסירה את ההילה מכל עיסוק מכובד ונערץ בעבר

le médecin, l'avocat, le prêtre, le poète et l'homme de science

הרופא, עורך הדין, הכומר, המשורר ואיש המדע

Il a converti ces travailleurs distingués en ses travailleurs salariés

היא הפכה את העובדים הנכבדים האלה לעובדים בשכר

La bourgeoisie a déchiré le voile sentimental de la famille

הבורגנות קרעה את הצעיף הסנטימנטלי מהמשפחה

et elle a réduit la relation familiale à une simple relation d'argent

והיא צמצמה את הקשר המשפחתי ליחס כספי גרידא

la brutale démonstration de vigueur au Moyen Âge que les réactionnaires admirent tant

מפגן המרץ האכזרי בימי הביניים שהריאקציוניסטים, כה מעריצים;

Même cela a trouvé son complément approprié dans l'indolence la plus paresseuse

אפילו זה מצא את ההשלמה ההולמת שלו בעצלנות העצלנית ביותר

La bourgeoisie a révélé comment tout cela s'est passé

הבורגנות חשפה כיצד כל זה קרה

La bourgeoisie a été la première à montrer ce que l'activité de l'homme peut produire

הבורגנים היו הראשונים שהראו מה פעילות האדם יכולה להביא

Il a accompli des merveilles surpassant de loin les pyramides égyptiennes, les aqueducs romains et les cathédrales gothiques

היא חוללה פלאים העולים בהרבה על הפירמידות המצריות, אמות המים הרומיות והקתדרלות הגותיות

et il a mené des expéditions qui ont mis dans l'ombre tous les anciens Exodes des nations et les croisades

והיא ערכה משלחות ששמו בצל את כל יציאת העמים ומסעי הצלב הקודמים

La bourgeoisie ne peut exister sans révolutionner sans cesse
les instruments de production

הבורגנות אינה יכולה להתקיים מבלי לחולל מהפכה מתמדת במכשירי
הייצור

et par conséquent elle ne peut exister sans ses rapports à la
production

ובכך היא אינה יכולה להתקיים ללא יחסיה עם הייצור

et donc elle ne peut exister sans ses relations avec la société

ולכן היא אינה יכולה להתקיים ללא יחסיה עם החברה

Toutes les classes industrielles antérieures avaient une
condition en commun

לכל המעמדות התעשייתיים הקודמים היה תנאי אחד משותף

Ils s'appuyaient sur la conservation des anciens modes de
production

הם הסתמכו על שימור אופני הייצור הישנים

mais la bourgeoisie a apporté avec elle une dynamique tout
à fait nouvelle

אבל הבורגנות הביאה איתה דינמיקה חדשה לגמרי

Révolution constante de la production et perturbation
ininterrompue de toutes les conditions sociales

מהפכה מתמדת בייצור והפרעה בלתי פוסקת של כל התנאים
החברתיים

cette incertitude et cette agitation perpétuelles distinguent
l'époque bourgeoise de toutes les époques antérieures

חוסר הוודאות והתסיסה הנצחיים הללו מבדילים את התקופה
הבורגנית מכל קודמותיה

Les relations antérieures avec la production
s'accompagnaient de préjugés et d'opinions anciens et
vénérables

היחסים הקודמים עם הייצור לוו בדעות קדומות עתיקות ומכובדות

Mais toutes ces relations figées et figées sont balayées d'un
revers de main

אבל כל היחסים הקבועים והקפואים האלה נסחפים

Toutes les relations nouvellement formées deviennent
archaïques avant de pouvoir s'ossifier

כל היחסים החדשים נעשים מיושנים לפני שהם יכולים להתנדנד

Tout ce qui est solide se fond dans l'air, et tout ce qui est
saint est profané

כל מה שמוצק נמס לאוויר, וכל מה שקדוש הוא חולין

L'homme est enfin forcé de faire face, avec des sens sobres, à ses conditions réelles de vie
האדם נאלץ סוף סוף להתמודד בחושים מפוכחים עם תנאי חייו האמיתיים
et il est obligé de faire face à ses relations avec les siens
והוא נאלץ להתמודד עם יחסיו עם בני מינו
La bourgeoisie a constamment besoin d'élargir ses marchés pour ses produits
הבורגנות צריכה כל הזמן להרחיב את השווקים שלה למוצריה
et, à cause de cela, la bourgeoisie est poursuivie sur toute la surface du globe
ובגלל זה, הבורגנות נרדפת על פני כל פני כדור הארץ
La bourgeoisie doit se nicher partout, s'installer partout, établir des liens partout
הבורגנות חייבת לשכון בכל מקום, להתיישב בכל מקום, ליצור קשרים בכל מקום
La bourgeoisie doit créer des marchés dans tous les coins du monde pour exploiter
הבורגנות חייבת ליצור שווקים בכל פינה בעולם כדי לנצל אותם
La production et la consommation dans tous les pays ont reçu un caractère cosmopolite
הייצור והצריכה בכל מדינה קיבלו אופי קוסמופוליטי
le chagrin des réactionnaires est palpable, mais il s'est poursuivi malgré tout
מורת רוחם של הריאקציוניסטים, היא מוחשית, אך היא נמשכה ללא קשר
La bourgeoisie a tiré de dessous les pieds de l'industrie le terrain national sur lequel elle se trouvait
הבורגנות שאבה מתחת לרגלי התעשייה את הקרקע הלאומית שעליה עמדה
Toutes les anciennes industries nationales ont été détruites, ou sont détruites chaque jour
כל התעשיות הלאומיות הוותיקות נהרסו, או נהרסות מדי יום
Toutes les anciennes industries nationales sont délogées par de nouvelles industries
כל התעשיות הלאומיות הוותיקות נעקרות על ידי תעשיות חדשות
Leur introduction devient une question de vie ou de mort pour toutes les nations civilisées
הצגתם הופכת לשאלת חיים ומוות עבור כל האומות המתורבתות

Ils sont délogés par les industries qui ne travaillent plus la matière première indigène
הם נעקרים על ידי תעשיות שכבר לא עובדות על חומרי גלם מקומיים
Au lieu de cela, ces industries extraient des matières premières des zones les plus reculées
במקום זאת, תעשיות אלה שואבות חומרי גלם מהאזורים המרוחקים ביותר
dont les produits sont consommés, non seulement chez nous, mais dans tous les coins du monde
תעשיות שמוצריהן נצרכים, לא רק בבית, אלא בכל רבע של העולם
À la place des anciens besoins, satisfaits par les productions du pays, nous trouvons de nouveaux besoins
במקום הרצונות הישנים, המסופקים על ידי ההפקות של המדינה, אנו מוצאים רצונות חדשים
Ces nouveaux besoins exigent pour leur satisfaction les produits des pays et des climats lointains
רצונות חדשים אלה דורשים לשביעות רצונם את תוצרי ארצות ואקלים רחוקים
À la place de l'ancien isolement et de l'autosuffisance locaux et nationaux, nous avons le commerce
במקום ההסתגרות המקומית והארצית הישנה ועצמאות, יש לנו מסחר
les échanges internationaux dans toutes les directions ; l'interdépendance universelle des nations
חליפין בינלאומי לכל כיוון; תלות הדדית אוניברסלית של אומות
Et de même que nous sommes dépendants des matériaux, nous sommes dépendants de la production intellectuelle
וכשם שיש לנו תלות בחומרים, כך אנו תלויים בייצור אינטלקטואלי
Les créations intellectuelles des nations individuelles deviennent la propriété commune
היצירות האינטלקטואליות של אומות בודדות הופכות לרכוש משותף
L'unilatéralité nationale et l'étroitesse d'esprit deviennent de plus en plus impossibles
חד-צדדיות לאומית וצרות אופקים הופכות יותר ויותר בלתי אפשריות
et des nombreuses littératures nationales et locales, surgit une littérature mondiale
ומהספרויות הלאומיות והמקומיות הרבות צומחת ספרות עולמית
par l'amélioration rapide de tous les instruments de production
על ידי שיפור מהיר של כל מכשירי הייצור

par les moyens de communication immensément facilités

על ידי אמצעי התקשורת הקלים לאין שיעור

La bourgeoisie entraîne tout le monde (même les nations les plus barbares) dans la civilisation

הבורגנות מושכת את כל (אפילו האומות הברבריות ביותר) לתוך הציוויליזציה

Les prix bon marché de ses marchandises ; l'artillerie lourde qui abat toutes les murailles chinoises

המחירים הזולים של סחורותיה; הארטילריה הכבדה שמפילה את כל החומות הסיניות

La haine obstinée des barbares contre les étrangers est forcée de capituler

שנאתם העזה של הברברים לזרים נאלצת להיכנע

Elle oblige toutes les nations, sous peine d'extinction, à adopter le mode de production bourgeois

היא מאלצת את כל האומות, על סף הכחדה, לאמץ את אופן הייצור הבורגני

elle les oblige à introduire ce qu'elle appelle la civilisation en leur sein

היא מאלצת אותם להכניס את מה שהיא מכנה ציוויליזציה לקרבם

La bourgeoisie force les barbares à devenir eux-mêmes bourgeois

הבורגנות מאלצת את הברברים להפוך לבורגנים בעצמם

en un mot, la bourgeoisie crée un monde à son image

במילה אחת, הבורגנות יוצרת עולם אחרי דמותה שלה

La bourgeoisie a soumis les campagnes à la domination des villes

הבורגנות הכפיפה את האזורים הכפריים לשלטון הערים

Il a créé d'énormes villes et considérablement augmenté la population urbaine

היא יצרה ערים עצומות והגדילה מאוד את האוכלוסייה העירונית

Il a sauvé une partie considérable de la population de l'idiotie de la vie rurale

היא הצילה חלק ניכר מהאוכלוסייה מהטיפשות של החיים הכפריים

mais elle a rendu les ruraux dépendants des villes

אבל זה הפך את אלה באזורים הכפריים לתלויים בעיירות

et de même, elle a rendu les pays barbares dépendants des pays civilisés

וכמו כן, היא הפכה את המדינות הברבריות לתלויות במתורבתים

nations paysannes sur nations bourgeoises, l'Orient sur
Occident

אומות של איכרים על אומות בורגניות, המזרח על המערב

La bourgeoisie se débarrasse de plus en plus de
l'éparpillement de la population

הבורגנות מבטלת יותר ויותר את מצבה המפוזר של האוכלוסייה

Il a une production agglomérée et a concentré la propriété
entre quelques mains

יש לו ייצור מצטבר, ויש לו רכוש מרוכז בכמה ידיים

La conséquence nécessaire de cela a été la centralisation
politique

התוצאה ההכרחית של זה הייתה ריכוזיות פוליטית

Il y avait eu des nations indépendantes et des provinces
vaguement reliées entre elles

היו אומות עצמאיות ופרובינציות קשורות באופן רופף

Ils avaient des intérêts, des lois, des gouvernements et des
systèmes d'imposition distincts

היו להם אינטרסים, חוקים, ממשלות ומערכות מיסוי נפרדות

Mais ils ont été regroupés en une seule nation, avec un seul
gouvernement

אבל הם התאחדו לאומה אחת, עם ממשלה אחת

Ils ont maintenant un intérêt de classe national, une
frontière et un tarif douanier

כעת יש להם אינטרס מעמדי לאומי אחד, גבול אחד ומכס אחד

Et cet intérêt de classe national est unifié sous un seul code
de loi

והאינטרס המעמדי הלאומי הזה מאוחד תחת קוד חוק אחד

la bourgeoisie a accompli beaucoup de choses au cours de
son règne d'à peine cent ans

הבורגנות השיגה הרבה במהלך שלטונה בן מאה השנים

forces productives plus massives et plus colossales que
toutes les générations précédentes réunies

כוחות ייצור עצומים ועצומים יותר מאשר כל הדורות הקודמים יחד

Les forces de la nature sont soumises à la volonté de
l'homme et de ses machines

כוחות הטבע משועבדים לרצון האדם ומכונותיו

La chimie s'applique à toutes les formes d'industrie et à tous
les types d'agriculture

כימיה מוחלת על כל צורות התעשייה וסוגי החקלאות

la navigation à vapeur, les chemins de fer, les télégraphes électriques et l'imprimerie

ניווט בקיטור, מסילות ברזל, טלגרף חשמלי ומכבש הדפוס

défrichement de continents entiers pour la culture, canalisation des rivières

ניקוי יבשות שלמות לעיבוד, תיעול נהרות

Des populations entières ont été extirpées du sol et mises au travail

אוכלוסיות שלמות הועלו מהאדמה והוצאו לעבודה

Quel siècle précédent avait ne serait-ce qu'un pressentiment de ce qui pourrait être déchaîné ?

לאיזו מאה מוקדמת היה אפילו רגש מקדים של מה שניתן לשחרר?

Qui aurait prédit que de telles forces productives sommeillaient dans le giron du travail social ?

מי חזה שכוחות יצרניים כאלה ישנמו בחיק העבודה הסוציאלית?

Nous voyons donc que les moyens de production et d'échange ont été générés dans la société féodale

אנו רואים אם כן שאמצעי הייצור והחליפין נוצרו בחברה הפיאודלית

les moyens de production sur la base desquels la bourgeoisie s'est construite

אמצעי הייצור שעל יסודותיהם בנתה עצמה הבורגנות

À un certain stade du développement de ces moyens de production et d'échange

בשלב מסוים בהתפתחות אמצעי הייצור והחליפין הללו

les conditions dans lesquelles la société féodale produisait et échangeait

התנאים שבהם החברה הפיאודלית ייצרה והחליפה

L'organisation féodale de l'agriculture et de l'industrie manufacturière

הארגון הפיאודלי של תעשיית החקלאות והייצור

Les rapports féodaux de propriété n'étaient plus compatibles avec les conditions matérielles

היחסים הפיאודליים של הרכוש כבר לא תאמו את התנאים החומריים

Ils devaient être brisés, alors ils ont été brisés

היה צריך לפוצץ אותם, אז הם התפוצצו

À leur place s'est ajoutée la libre concurrence des forces productives

במקומם נכנסה תחרות חופשית מצד כוחות הייצור

et ils étaient accompagnés d'une constitution sociale et politique adaptée à celle-ci

והם לוו בחוקה חברתית ופוליטית שהותאמה לה

et elle s'accompagnait de l'emprise économique et politique de la classe bourgeoise

והיא לוותה בהשפעה כלכלית ופוליטית של המעמד הבורגני

Un mouvement similaire est en train de se produire sous nos yeux

תנועה דומה מתרחשת לנגד עינינו

La société bourgeoise moderne avec ses rapports de production, d'échange et de propriété

החברה הבורגנית המודרנית עם יחסי הייצור, החליפין והרכוש

une société qui a inventé des moyens de production et d'échange aussi gigantesques

חברה שהמציאה אמצעי ייצור וחליפין עצומים כאלה

C'est comme le sorcier qui a invoqué les puissances de l'au-delà

זה כמו המכשף שגייס את הכוחות של העולם התחתון

Mais il n'est plus capable de contrôler ce qu'il a mis au monde

אבל הוא כבר לא מסוגל לשלוט במה שהוא הביא לעולם

Pendant de nombreuses décennies, l'histoire a été liée par un fil conducteur

במשך עשור רב ההיסטוריה הייתה קשורה בחוט מקשר

L'histoire de l'industrie et du commerce n'a été que l'histoire des révoltes

ההיסטוריה של התעשייה והמסחר לא הייתה אלא היסטוריה של מרידות

Les révoltes des forces productives modernes contre les conditions modernes de production

המרידות של כוחות הייצור המודרניים נגד תנאי הייצור המודרניים

Les révoltes des forces productives modernes contre les rapports de propriété

המרידות של כוחות הייצור המודרניים נגד יחסי הרכוש

ces rapports de propriété sont les conditions de l'existence de la bourgeoisie

יחסי קניין אלה הם התנאים לקיומה של הבורגנות

et l'existence de la bourgeoisie détermine les règles des rapports de propriété

וקיומה של הבורגנות קובע את כללי יחסי הרכוש

Il suffit de mentionner le retour périodique des crises commerciales

מספיק להזכיר את חזרתם התקופתית של משברים מסחריים

chaque crise commerciale est plus menaçante pour la société bourgeoise que la précédente

כל משבר מסחרי מאיים על החברה הבורגנית יותר מקודמו

Dans ces crises, une grande partie des produits existants sont détruits

במשברים אלה מושמדים חלק גדול מהמוצרים הקיימים

Mais ces crises détruisent aussi les forces productives créées précédemment

אבל המשברים האלה גם הורסים את כוחות הייצור שנוצרו בעבר

Dans toutes les époques antérieures, ces épidémies auraient semblé une absurdité

בכל התקופות הקודמות המגיפות האלה היו נראות אבסורד

parce que ces épidémies sont les crises commerciales de la surproduction

כי המגיפות האלה הן המשברים המסחריים של ייצור יתר

La société se trouve soudain remise dans un état de barbarie momentanée

החברה מוצאת את עצמה לפתע מוחזרת למצב של ברבריות רגעית

comme si une guerre universelle de dévastation avait coupé tous les moyens de subsistance

כאילו מלחמת חורבן אוניברסלית קטעה כל אמצעי קיום

l'industrie et le commerce semblent avoir été détruits ; Et pourquoi ?

נראה כי התעשייה והמסחר נהרסו; ולמה?

Parce qu'il y a trop de civilisation et de moyens de subsistance

כי יש יותר מדי ציוויליזציה ואמצעי קיום

et parce qu'il y a trop d'industrie et trop de commerce

ובגלל שיש יותר מדי תעשייה, ויותר מדי מסחר

Les forces productives à la disposition de la société ne développent plus la propriété bourgeoise

כוחות הייצור העומדים לרשות החברה אינם מפתחים עוד רכוש בורגני

au contraire, ils sont devenus trop puissants pour ces conditions, par lesquelles ils sont enchaînés

להיפך, הם הפכו חזקים מדי עבור תנאים אלה, שבהם הם כבולים

dès qu'ils surmontent ces entraves, ils mettent le désordre
dans toute la société bourgeoise

ברגע שהם מתגברים על העוברים האלה, הם מכניסים אי-סדר לכל
החברה הבורגנית

et les forces productives mettent en danger l'existence de la
propriété bourgeoise

וכוחות הייצור מסכנים את קיומו של רכוש בורגני

Les conditions de la société bourgeoise sont trop étroites
pour englober les richesses qu'elles créent

התנאים של החברה הבורגנית צרים מכדי להכיל את העושר שנוצר על
ידם

Et comment la bourgeoisie surmonte-t-elle ces crises ?

ואיך הבורגנות מתגברת על המשברים האלה?

D'une part, elle surmonte ces crises par la destruction forcée
d'une masse de forces productives

מצד אחד, היא מתגברת על משברים אלה על ידי הרס כפוי של מסה
של כוחות יצרניים

D'autre part, elle surmonte ces crises par la conquête de
nouveaux marchés

מצד שני, היא מתגברת על משברים אלה על ידי כיבוש שווקים חדשים

et elle surmonte ces crises par l'exploitation plus poussée
des anciennes forces productives

והיא מתגברת על משברים אלה באמצעות ניצול יסודי יותר של כוחות
הייצור הישנים

C'est-à-dire en ouvrant la voie à des crises plus étendues et
plus destructrices

כלומר, על ידי סלילת הדרך למשברים נרחבים והרסניים יותר

elle surmonte la crise en diminuant les moyens de
prévention des crises

היא מתגברת על המשבר על ידי צמצום האמצעים שבאמצעותם
נמנעים משברים

Les armes avec lesquelles la bourgeoisie a abattu le
féodalisme sont maintenant retournées contre elle-même

כלי הנשק שבעזרתם הפילה הבורגנות את הפיאודליזם ארצה מופנים
עתה נגד עצמה

Mais non seulement la bourgeoisie a-t-elle forgé les armes
qui lui apportent la mort

אבל לא רק הבורגנות חישלה את כלי הנשק שמביאים מוות לעצמה

Il a également appelé à l'existence les hommes qui doivent
manier ces armes

היא גם קראה לקיום האנשים שאמורים להחזיק בכלי נשק אלה

Et ces hommes sont la classe ouvrière moderne ; Ce sont les prolétaires

והאנשים האלה הם מעמד הפועלים המודרני; הם הפרולטרים

À mesure que la bourgeoisie se développe, le prolétariat se développe dans la même proportion

בפרופורציה שבה מתפתחת הבורגנות, באותו יחס מתפתח הפרולטריון

La classe ouvrière moderne a développé une classe d'ouvriers

מעמד הפועלים המודרני פיתח מעמד של פועלים

Cette classe d'ouvriers ne vit que tant qu'elle trouve du travail

מעמד זה של פועלים חי רק כל עוד הוא מוצא עבודה

et ils ne trouvent de travail qu'aussi longtemps que leur travail augmente le capital

והם מוצאים עבודה רק כל עוד עבודתם מגדילה את ההון

Ces ouvriers, qui doivent se vendre à la pièce, sont une marchandise

הפועלים האלה, שנאלצים למכור לעצמם חתיכת ארוחה, הם סחורה

Ces ouvriers sont comme tous les autres articles de commerce

פועלים אלה הם ככל דבר מסחר אחר

et, par conséquent, ils sont exposés à toutes les vicissitudes de la concurrence

וכתוצאה מכך הם חשופים לכל תהפוכות התחרות

Ils doivent faire face à toutes les fluctuations du marché

הם צריכים לשרוד את כל התנודות של השוק

En raison de l'utilisation intensive des machines et de la division du travail

בשל השימוש הנרחב במכונות וחלוקת העבודה

Le travail des prolétaires a perdu tout caractère individuel

עבודתם של הפרולטרים איבדה כל אופי אינדיבידואלי

et, par conséquent, le travail des prolétaires a perdu tout charme pour l'ouvrier

וכתוצאה מכך, עבודתם של הפרולטרים איבדה כל קסם עבור הפועל

Il devient un appendice de la machine, plutôt que l'homme qu'il était autrefois

הוא הופך להיות נספח של המכונה, ולא האדם שהיה פעם

On n'exige de lui que l'habileté la plus simple, la plus monotone et la plus facile à acquérir

רק הכישרון הפשוט, המונוטוני והנרכש ביותר נדרש ממנו

Par conséquent, le coût de production d'un ouvrier est limité

לפיכך, עלות הייצור של עובד מוגבלת

elle se limite presque entièrement aux moyens de subsistance dont il a besoin pour son entretien

היא מוגבלת כמעט לחלוטין לאמצעי הקיום הדרושים לו לתחזוקתו

et elle est limitée aux moyens de subsistance dont il a besoin pour la propagation de sa race

והיא מוגבלת לאמצעי הקיום הדרושים לו להפצת גזעו

Mais le prix d'une marchandise, et par conséquent aussi du travail, est égal à son coût de production

אבל מחירה של סחורה, ולכן גם של עבודה, שווה לעלות הייצור שלה

C'est pourquoi, à mesure que le travail répugnant augmente, le salaire diminue

בפרופורציה, אם כן, ככל שהדחייה של העבודה עולה, השכר יורד

Bien plus, le caractère répugnant de son travail augmente à un rythme encore plus grand

לא, הדחייה של עבודתו עולה בקצב גדול עוד יותר

À mesure que l'utilisation des machines et la division du travail augmentent, le fardeau du labeur augmente également

ככל שהשימוש במכונות וחלוקת העבודה גדלים, כך גדל עול העמל

La charge de travail est augmentée par la prolongation du temps de travail

נטל העמל גדל על ידי הארכת שעות העבודה

On attend plus de l'ouvrier dans le même temps qu'auparavant

יותר מצופה מהפועל באותו זמן כמו קודם

Et bien sûr, le poids du labeur est augmenté par la vitesse de la machine

וכמובן, נטל העמל גדל על ידי מהירות המכונות;

L'industrie moderne a transformé le petit atelier du maître patriarcal en la grande usine du capitaliste industriel

התעשייה המודרנית הפכה את בית המלאכה הקטן של המאסטר הפטריארכלי למפעל הגדול של הקפיטליסט התעשייתי

Des masses d'ouvriers, entassés dans l'usine, s'organisent comme des soldats

המוני פועלים, מצטופפים במפעל, מאורגנים כמו חיילים

En tant que simples soldats de l'armée industrielle, ils sont placés sous le commandement d'une hiérarchie parfaite d'officiers et de sergents

כטוראים של הצבא התעשייתי הם מוצבים תחת פיקוד היררכיה מושלמת של קצינים וסמלים

ils ne sont pas seulement les esclaves de la classe bourgeoise et de l'État

הם לא רק עבדים של המעמד והמדינה הבורגניים

Mais ils sont aussi asservis quotidiennement et d'heure en heure par la machine

אבל הם גם משועבדים מדי יום ושעה על ידי המכונה

ils sont asservis par le surveillant, et surtout par le fabricant bourgeois lui-même

הם משועבדים למתבונן, ומעל לכל, ליצרן הבורגני האינדיבידואלי עצמו

Plus ce despotisme proclame ouvertement que le gain est sa fin et son but, plus il est mesquin, plus haïssable et plus aigri

ככל שעריצות זו מכריזה בגלוי יותר על רווח כמטרתה וכמטרתה, כך היא קטנונית יותר, שנואה יותר וממררת יותר

Plus l'industrie moderne se développe, moins les différences entre les sexes sont grandes

ככל שהתעשייה המודרנית מתפתחת, כך פוחתים ההבדלים בין המינים

Moins le travail manuel exige d'habileté et d'effort de force, plus le travail des hommes est supplanté par celui des femmes

ככל שהמיומנות והפעלת הכוח המשתמעות מעבודת כפיים פחותות, כך גוברת עבודת הגברים על זו של הנשים

Les différences d'âge et de sexe n'ont plus de validité sociale distincte pour la classe ouvrière

להבדלי גיל ומין כבר אין תוקף חברתי ייחודי למעמד הפועלים

Tous sont des instruments de travail, plus ou moins coûteux à utiliser, selon leur âge et leur sexe

כולם כלי עבודה, יקרים יותר או פחות לשימוש, בהתאם לגילם ולמינם

dès que l'ouvrier reçoit son salaire en espèces, il est attaqué par les autres parties de la bourgeoisie

ברגע שהפועל מקבל את שכרו במזומן, מאשר הוא נקבע על ידי החלקים האחרים של הבורגנות

le propriétaire, le commerçant, le prêteur sur gages, etc

בעל הבית, בעל החנות, העבוט וכו'

Les couches inférieures de la classe moyenne ; les petits commerçants et les commerçants

השכבות הנמוכות של מעמד הביניים; אנשי המסחר הקטנים ובעלי החנויות

les commerçants retraités en général, et les artisans et les paysans

בעלי המלאכה בדימוס בכלל, ובעלי המלאכה והאיכרים

tout cela s'enfonce peu à peu dans le prolétariat

כל אלה שוקעים בהדרגה לתוך הפרולטריון

en partie parce que leur petit capital ne suffit pas à l'échelle sur laquelle l'industrie moderne est exercée

בין השאר משום שההון הזעיר שלהם אינו מספיק לקנה המידה שבו התעשייה המודרנית מתנהלת

et parce qu'elle est submergée par la concurrence avec les grands capitalistes

ומשום שהיא מוצפת בתחרות עם בעלי ההון הגדולים

en partie parce que leur savoir-faire spécialisé est rendu sans valeur par les nouvelles méthodes de production

חלקית משום שהמיומנות המיוחדת שלהם הופכת לחסרת ערך על ידי שיטות הייצור החדשות

Ainsi le prolétariat se recrute dans toutes les classes de la population

כך מגויס הפרולטריון מכל שכבות האוכלוסייה

Le prolétariat passe par différents stades de développement

הפרולטריון עובר שלבים שונים של התפתחות

Avec sa naissance commence sa lutte contre la bourgeoisie

עם לידתה מתחיל מאבקה עם הבורגנות

Dans un premier temps, la lutte est menée par des ouvriers individuels

בתחילה התחרות מתבצעת על ידי עובדים בודדים

Ensuite, le concours est mené par les ouvriers d'une usine

ואז התחרות מתבצעת על ידי עובדי מפעל

Ensuite, la lutte est menée par les agents d'un métier, dans une localité

לאחר מכן התחרות מתבצעת על ידי פעילי סחר אחד, ביישוב אחד

et la lutte est alors contre la bourgeoisie individuelle qui les exploite directement

ואז התחרות היא נגד הבורגנות האינדיבידואלית שמנצלת אותם ישירות

Ils ne dirigent pas leurs attaques contre les conditions de production de la bourgeoisie

הם מכוונים את התקפותיהם לא נגד תנאי הייצור הבורגניים

mais ils dirigent leur attaque contre les instruments de production eux-mêmes

אבל הם מכוונים את התקפתם נגד מכשירי הייצור עצמם

Ils détruisent les marchandises importées qui font concurrence à leur main-d'œuvre

הם הורסים סחורה מיובאת שמתחרה בעמלם

Ils brisent les machines et mettent le feu aux usines

הם מנפצים לרסיסים מכונות והם מציתים מפעלים

ils cherchent à restaurer par la force le statut disparu de l'ouvrier du Moyen Âge

הם מבקשים לשקם בכוח את מעמדו הנעלם של הפועל של ימי הביניים

À ce stade, les ouvriers forment encore une masse incohérente dispersée dans tout le pays

בשלב זה העובדים עדיין מהווים מסה לא קוהרנטית המפוזרת על פני כל הארץ

et ils sont brisés par leur concurrence mutuelle

והם מפורקים על ידי התחרות ההדדית שלהם

S'ils s'unissent quelque part pour former des corps plus compacts, ce n'est pas encore la conséquence de leur propre union active

אם בכל מקום הם מתאחדים כדי ליצור גופים קומפקטיים יותר, זה עדיין לא תוצאה של האיחוד הפעיל שלהם

mais c'est une conséquence de l'union de la bourgeoisie, d'atteindre ses propres fins politiques

אבל היא תוצאה של איחוד הבורגנות, להשיג את מטרותיו הפוליטיות

la bourgeoisie est obligée de mettre en mouvement tout le prolétariat

הבורגנות נאלצת להניע את הפרולטריון כולו

et d'ailleurs, pour un temps, la bourgeoisie est capable de le faire

יתר על כן, לעת עתה, הבורגנות מסוגלת לעשות זאת

À ce stade, les prolétaires ne combattent donc pas leurs ennemis

בשלב זה, אם כן, הפרולטרים אינם נלחמים באויביהם

mais au lieu de cela, ils combattent les ennemis de leurs ennemis

אלא במקום זאת הם נלחמים באויבי אויביהם

La lutte contre les vestiges de la monarchie absolue et les propriétaires terriens

להילחם בשרידי המלוכה האבסולוטית ובבעלי האדמות

ils combattent la bourgeoisie non industrielle ; la petite bourgeoisie

הם נלחמים בבורגנות הלא-תעשייתית; הבורגנות הזעירה

Ainsi tout le mouvement historique est concentré entre les mains de la bourgeoisie

כך מרוכזת התנועה ההיסטורית כולה בידי הבורגנות

chaque victoire ainsi obtenue est une victoire pour la bourgeoisie

כל ניצחון שהושג כך הוא ניצחון של הבורגנות

Mais avec le développement de l'industrie, le prolétariat ne se contente pas d'augmenter en nombre

אבל עם התפתחות התעשייה הפרולטריון לא רק גדל במספר

le prolétariat se concentre en masses plus grandes et sa force s'accroît

הפרולטריון מתרכז במסות גדולות יותר וכוחו גדל

et le prolétariat ressent de plus en plus cette force

והפרולטריון מרגיש את הכוח הזה יותר ויותר

Les divers intérêts et conditions de vie dans les rangs du prolétariat sont de plus en plus égalisés

האינטרסים ותנאי החיים השונים בשורות הפרולטריון שווים יותר ויותר

elles deviennent plus proportionnelles à mesure que les machines effacent toutes les distinctions de travail

הם נעשים יותר בפרופורציה ככל שהמכונות מוחקות את כל ההבחנות של העבודה

et les machines réduisent presque partout les salaires au même bas niveau

ומכונות כמעט בכל מקום מפחיתות את השכר לאותה רמה נמוכה

La concurrence croissante entre la bourgeoisie et les crises commerciales qui en résultent rendent les salaires des ouvriers de plus en plus fluctuants

התחרות הגוברת בין הבורגנים, והמשברים המסחריים הנובעים מכך, הופכים את שכר העובדים לתנודתי יותר ויותר

L'amélioration incessante des machines, qui se développe de
plus en plus rapidement, rend leurs moyens d'existence de
plus en plus précaires

השיפור הבלתי פוסק של המכונות, המתפתחות במהירות הולכת
וגוברת, הופך את פרנסתן למסוכנת יותר ויותר

les collisions entre les ouvriers individuels et la bourgeoisie
individuelle prennent de plus en plus le caractère de
collisions entre deux classes

ההתנגשויות בין פועלים בודדים לבין בורגנות אינדיבידואלית לובשות
יותר ויותר אופי של התנגשויות בין שני מעמדות

Là-dessus, les ouvriers commencent à former des
associations (syndicats) contre la bourgeoisie

לאחר מכן הפועלים מתחילים ליצור קומבינציות (איגודים מקצועיים)
נגד הבורגנות

Ils s'associent pour maintenir le taux des salaires

הם מתאגדים יחד כדי לשמור על שיעור השכר

Ils fondèrent des associations permanentes afin de pourvoir
à l'avance à ces révoltes occasionnelles

הם מצאו אגודות קבועות כדי לדאוג מראש למרידות מזדמנות אלה

Ici et là, la lutte éclate en émeutes

פה ושם פורצת התחרות למהומות

De temps en temps, les ouvriers sont victorieux, mais
seulement pour un temps

מדי פעם העובדים מנצחים, אבל רק לזמן מה

Le vrai fruit de leurs luttes n'est pas dans le résultat
immédiat, mais dans l'union toujours plus grande des
travailleurs

הפרי האמיתי של מאבקיהם טמון לא בתוצאה המיידית, אלא
בהתאגדות העובדים המתרחבת ללא הרף

Cette union est favorisée par les moyens de communication
améliorés créés par l'industrie moderne

איחוד זה נעזר באמצעי התקשורת המשופרים שנוצרו על ידי התעשייה
המודרנית

La communication moderne met en contact les travailleurs
de différentes localités les uns avec les autres

התקשורת המודרנית מציבה את עובדי היישובים השונים במגע זה עם
זה

C'était précisément ce contact qui était nécessaire pour
centraliser les nombreuses luttes locales en une lutte
nationale entre les classes

רק קשר זה היה נחוץ כדי לרכז את המאבקים המקומיים הרבים
למאבק לאומי אחד בין המעמדות

Toutes ces luttes sont du même caractère, et toute lutte de
classe est une lutte politique

כל המאבקים האלה הם בעלי אופי זהה, וכל מאבק מעמדי הוא מאבק
פוליטי

les bourgeois du moyen âge, avec leurs misérables routes,
mettaient des siècles à former leurs syndicats

הבורגנים של ימי הביניים, עם הכבישים המהירים העלובים שלהם,
נזקקו למאות שנים כדי ליצור את האיגודים שלהם

Les prolétaires modernes, grâce aux chemins de fer, réalisent
leurs syndicats en quelques années

הפרולטרים המודרניים, הודות למסילות ברזל, משיגים את האיגודים
שלהם תוך שנים ספורות

Cette organisation des prolétaires en classe les a donc formés
en parti politique

ארגון זה של הפרולטרים למעמד הפך אותם למפלגה פוליטית

La classe politique est continuellement bouleversée par la
concurrence entre les travailleurs eux-mêmes

המעמד הפוליטי מוטרד שוב ושוב מהתחרות בין העובדים לבין עצמם

Mais la classe politique continue de se soulever, plus forte,
plus ferme, plus puissante

אבל המעמד הפוליטי ממשיך להתקומם שוב, חזק יותר, מוצק יותר,
חזק יותר

Elle oblige la législation à reconnaître les intérêts
particuliers des travailleurs

היא מחייבת הכרה חקיקתית באינטרסים פרטיקולריים של העובדים

il le fait en profitant des divisions au sein de la bourgeoisie
elle-même

היא עושה זאת על ידי ניצול המחלוקות בין הבורגנים עצמם

C'est ainsi qu'en Angleterre fut promulguée la loi sur les dix
heures

כך נחקק חוק עשר השעות באנגליה

à bien des égards, les collisions entre les classes de
l'ancienne société sont en outre le cours du développement
du prolétariat

במובנים רבים, ההתנגשויות בין המעמדות של החברה הישנה הן מהלך
התפתחותו של הפרולטריון

La bourgeoisie se trouve engagée dans une bataille de tous
les instants

הבורגנות מוצאת את עצמה מעורבת במאבק מתמיד

Dans un premier temps, il se trouvera impliqué dans une
bataille constante avec l'aristocratie

בתחילה היא תמצא את עצמה מעורבת במאבק מתמיד עם
האריסטוקרטיה

plus tard, elle se trouvera engagée dans une lutte constante
avec ces parties de la bourgeoisie elle-même

מאוחר יותר היא תמצא את עצמה מעורבת במאבק מתמיד עם אותם
חלקים של הבורגנות עצמה

et leurs intérêts seront devenus antagonistes au progrès de
l'industrie

והאינטרסים שלהם יהפכו לאנטגוניסטיים להתקדמות התעשייה

à tout moment, leurs intérêts seront devenus antagonistes
avec la bourgeoisie des pays étrangers

בכל עת, האינטרסים שלהם יהפכו לאנטגוניסטיים עם הבורגנות של
מדינות זרות

Dans toutes ces batailles, elle se voit obligée de faire appel
au prolétariat et lui demande son aide

בכל הקרבות הללו היא רואה עצמה מחויבת לפנות אל הפרולטריון,
ומבקשת את עזרתו

Et ainsi, il se sentira obligé de l'entraîner dans l'arène
politique

וכך, היא תרגיש צורך לגרור אותה לזירה הפוליטית

C'est pourquoi la bourgeoisie elle-même fournit au
prolétariat ses propres instruments d'éducation politique et
générale

הבורגנות עצמה, אם כן, מספקת לפרולטריון כלים משלה לחינוך
פוליטי וכללי

c'est-à-dire qu'il fournit au prolétariat des armes pour
combattre la bourgeoisie

במילים אחרות, היא מספקת לפרולטריון נשק למאבק בבורגנות

De plus, comme nous l'avons déjà vu, des sections entières
des classes dominantes sont précipitées dans le prolétariat

יתר על כן, כפי שכבר ראינו, חלקים שלמים של המעמדות השליטים
מובלים לתוך הפרולטריון

le progrès de l'industrie les aspire dans le prolétariat

התקדמות התעשייה שואבת אותם לתוך הפרולטריון

ou, du moins, ils sont menacés dans leurs conditions
d'existence

או, לפחות, הם מאוימים בתנאי הקיום שלהם

Ceux-ci fournissent également au prolétariat de nouveaux éléments d'illumination et de progrès
אלה גם מספקים לפרולטריון אלמנטים רעננים של נאורות וקידמה
Enfin, à l'approche de l'heure décisive de la lutte des classes
לבסוף, בזמנים בהם המאבק המעמדי מתקרב לשעת ההכרעה
le processus de dissolution en cours au sein de la classe dirigeante
תהליך ההתפוררות המתרחש בתוך המעמד השליט
En fait, la dissolution en cours au sein de la classe dirigeante se fera sentir dans toute la société
למעשה, ההתפוררות המתרחשת בתוך המעמד השליט תורגש בכל טווח החברה
Il prendra un caractère si violent et si flagrant qu'une petite partie de la classe dirigeante se laissera aller à la dérive
היא תלבש אופי כה אלים ובוהק, עד שחלק קטן מהמעמד השליט יחתוך את עצמו
et que la classe dirigeante rejoindra la classe révolutionnaire
והמעמד השליט הזה יצטרף למעמד המהפכני
La classe révolutionnaire étant la classe qui tient l'avenir entre ses mains
המעמד המהפכני הוא המעמד שמחזיק את העתיד בידיו
Comme à une époque antérieure, une partie de la noblesse passa dans la bourgeoisie
בדיוק כמו בתקופה מוקדמת יותר, חלק מהאצולה עבר לבורגנות
de la même manière qu'une partie de la bourgeoisie passera au prolétariat
באותו אופן חלק מהבורגנות יעבור לפרולטריון
en particulier, une partie de la bourgeoisie passera à une partie des idéologues de la bourgeoisie
בפרט, חלק מהבורגנות יעבור לחלק מהאידיאולוגים הבורגנים
Des idéologues bourgeois qui se sont élevés au niveau de la compréhension théorique du mouvement historique dans son ensemble
אידיאולוגים בורגנים שהעלו את עצמם לרמה של הבנה תיאורטית של התנועה ההיסטורית בכללותה
De toutes les classes qui se trouvent aujourd'hui en face de la bourgeoisie, seule le prolétariat est une classe vraiment révolutionnaire
מכל המעמדות העומדים פנים אל פנים מול הבורגנות כיום, הפרולטריון לבדו הוא מעמד מהפכני באמת

Les autres classes se dégradent et finissent par disparaître devant l'industrie moderne

המעמדות האחרים נרקבים ולבסוף נעלמים לנוכח התעשייה המודרנית

le prolétariat est son produit spécial et essentiel

הפרולטריון הוא המוצר המיוחד והחיוני שלו

La petite bourgeoisie, le petit industriel, le commerçant, l'artisan, le paysan

המעמד הבינוני הנמוך, היצרן הקטן, בעל החנות, בעל המלאכה, האיכר

toutes ces luttes contre la bourgeoisie

כל אלה נלחמים נגד הבורגנות

Ils se battent en tant que fractions de la classe moyenne pour se sauver de l'extinction

הם נלחמים כשברירי מעמד הביניים כדי להציל את עצמם מהכחדה

Ils ne sont donc pas révolutionnaires, mais conservateurs

לכן הם אינם מהפכנים, אלא שמרנים

Bien plus, ils sont réactionnaires, car ils essaient de faire reculer la roue de l'histoire

יותר מזה, הם ריאקציונרים, כי הם מנסים להחזיר את גלגל ההיסטוריה לאחור

Si par hasard ils sont révolutionnaires, ils ne le sont qu'en vue de leur transfert imminent dans le prolétariat

אם במקרה הם מהפכנים, הם כך רק לאור העברתם הצפויה לפרולטריון

Ils défendent ainsi non pas leurs intérêts présents, mais leurs intérêts futurs

בכך הם מגינים לא על האינטרסים הנוכחיים שלהם, אלא על האינטרסים העתידיים שלהם

ils désertent leur propre point de vue pour se placer à celui du prolétariat

הם נוטשים את עמדתם שלהם כדי להציב את עצמם בעמדת הפרולטריון

La « classe dangereuse », la racaille sociale, cette masse en décomposition passive rejetée par les couches les plus basses de la vieille société

"המעמד המסוכן", החלאה החברתית, אותו מסה נרקבת פסיבית שנזרקת על ידי השכבות הנמוכות ביותר של החברה הישנה

Ils peuvent, ici et là, être entraînés dans le mouvement par une révolution prolétarienne

הם עשויים, פה ושם, להיסחף לתוך התנועה על ידי מהפכה פרולטרית

Ses conditions de vie, cependant, le préparent beaucoup
plus au rôle d'instrument soudoyé de l'intrigue
réactionnaire

תנאי חייו, לעומת זאת, מכינים אותו הרבה יותר לתפקיד של כלי שוחד
של תככים ריאקציונרים

Dans les conditions du prolétariat, ceux de l'ancienne société
dans son ensemble sont déjà virtuellement submergés

בתנאים של הפרולטריון, אלה של החברה הישנה בכללותה כבר
מוצפים כמעט לחלוטין

Le prolétaire est sans propriété

הפרולטריון הוא ללא רכוש

ses rapports avec sa femme et ses enfants n'ont plus rien de
commun avec les relations familiales de la bourgeoisie

ליחסיו עם אשתו וילדיו אין עוד דבר במשותף עם יחסי המשפחה של
הבורגנות

le travail industriel moderne, la sujétion moderne au capital,
la même en Angleterre qu'en France, en Amérique comme
en Allemagne

עבודה תעשייתית מודרנית, כפיפות מודרנית להון, כמו באנגליה כמו
בצרפת, באמריקה כמו בגרמניה

Sa condition dans la société l'a dépouillé de toute trace de
caractère national

מצבו בחברה שלל ממנו כל סממן של אופי לאומי

La loi, la morale, la religion, sont pour lui autant de préjugés
bourgeois

החוק, המוסר, הדת, הם בעיניו כל כך הרבה דעות קדומות בורגניות

et derrière ces préjugés se cachent en embuscade autant
d'intérêts bourgeois

ומאחורי הדעות הקדומות האלה מסתתרים במארב בדיוק כמו
אינטרסים בורגניים רבים

Toutes les classes précédentes, qui ont pris le dessus, ont
cherché à fortifier leur statut déjà acquis

כל המעמדות הקודמים שידם הייתה על העליונה, ביקשו לבצר את
מעמדם שכבר נרכש

Ils l'ont fait en soumettant la société dans son ensemble à
leurs conditions d'appropriation

הם עשו זאת על ידי הכפפת החברה בכללותה לתנאי הניכוס שלהם

Les prolétaires ne peuvent pas devenir maîtres des forces
productives de la société

הפרולטרים אינם יכולים להפוך לאדונים של כוחות הייצור של החברה

elle ne peut le faire qu'en abolissant son propre mode d'appropriation antérieur

היא יכולה לעשות זאת רק על ידי ביטול אופן הניכוס הקודם שלהם

et par là même elle abolit tout autre mode d'appropriation antérieur

ובכך היא גם מבטלת כל דרך ניכוס קודמת אחרת

Ils n'ont rien à eux pour s'assurer et se fortifier

אין להם שום דבר משלהם לאבטח ולבצר

Leur mission est de détruire toutes les sûretés antérieures et les assurances de biens individuels

המשימה שלהם היא להרוס את כל ניירות הערך הקודמים עבור, וביטוחים של, רכוש אישי

Tous les mouvements historiques antérieurs étaient des mouvements de minorités

כל התנועות ההיסטוריות הקודמות היו תנועות של מיעוטים

ou bien il s'agissait de mouvements dans l'intérêt des minorités

או שהן היו תנועות למען האינטרסים של מיעוטים

Le mouvement prolétarien est le mouvement conscient et indépendant de l'immense majorité

התנועה הפרולטרית היא התנועה המודעת לעצמה והעצמאית של הרוב העצום

Et c'est un mouvement dans l'intérêt de l'immense majorité

וזו תנועה למען האינטרסים של הרוב העצום

Le prolétariat, couche la plus basse de notre société actuelle

הפרולטריון, השכבה הנמוכה ביותר בחברה הנוכחית שלנו

elle ne peut ni s'agiter ni s'élever sans que toutes les couches supérieures de la société officielle ne soient soulevées en l'air

היא אינה יכולה לבחוש או להרים את עצמה מבלי שכל השכבות העליונות של החברה הרשמית יזנקו באוויר

Loin d'être dans le fond, mais dans la forme, la lutte du prolétariat contre la bourgeoisie est d'abord une lutte nationale

אמנם לא במהות, אך בצורה, מאבקו של הפרולטריון עם הבורגנות הוא בתחילה מאבק לאומי

Le prolétariat de chaque pays doit, bien entendu, régler d'abord ses affaires avec sa propre bourgeoisie

הפרולטריון של כל מדינה חייב, כמובן, קודם כל ליישב את העניינים עם הבורגנות שלו

En décrivant les phases les plus générales du développement du prolétariat, nous avons retracé la guerre civile plus ou moins voilée

בתיאור השלבים הכלליים ביותר של התפתחות הפרולטריון, עקבנו אחר מלחמת האזרחים הסמויה פחות או יותר

Ce civil fait rage au sein de la société existante

האזרח הזה משתולל בתוך החברה הקיימת

Elle fera rage jusqu'au point où cette guerre éclatera en révolution ouverte

היא תשתולל עד לנקודה שבה המלחמה תפרוץ למהפכה גלויה

et alors le renversement violent de la bourgeoisie jette les bases de l'emprise du prolétariat

ואז ההפיכה האלימה של הבורגנות מניחה את היסודות להשפעה של הפרולטריון

Jusqu'à présent, toute forme de société a été fondée, comme nous l'avons déjà vu, sur l'antagonisme des classes oppressives et opprimées

עד כה, כל צורה של חברה התבססה, כפי שכבר ראינו, על אנטגוניזם של מעמדות מדכאים ומדוכאים

Mais pour opprimer une classe, il faut lui assurer certaines conditions

אבל כדי לדכא מעמד, יש להבטיח לו תנאים מסוימים

La classe doit être maintenue dans des conditions dans lesquelles elle peut, au moins, continuer son existence servile

המעמד חייב להישמר בתנאים שבהם הוא יכול, לכל הפחות, להמשיך את קיומו העבדותי

Le serf, à l'époque du servage, s'élevait lui-même au rang d'adhérent à la commune

הצמית, בתקופת הצמיתות, העלה את עצמו לחברות בקומונה

de même que la petite bourgeoisie, sous le joug de l'absolutisme féodal, a réussi à se développer en bourgeoisie

בדיוק כפי שהבורגנות הזעירה, תחת עול האבסולוטיזם הפיאודלי, הצליחה להתפתח לבורגנות

L'ouvrier moderne, au contraire, au lieu de s'élever avec les progrès de l'industrie, s'enfonce de plus en plus profondément

הפועל המודרני, לעומת זאת, במקום להתרומם עם התקדמות התעשייה, שוקע עמוק יותר ויותר

il s'enfonce au-dessous des conditions d'existence de sa propre classe

הוא שוקע מתחת לתנאי הקיום של המעמד שלו

Il devient pauvre, et le paupérisme se développe plus rapidement que la population et la richesse

הוא הופך לאביון, והקבצנות מתפתחת מהר יותר מהאוכלוסייה והעושר

Et c'est là qu'il devient évident que la bourgeoisie n'est plus apte à être la classe dominante dans la société

וכאן מתברר, שהבורגנות אינה ראויה עוד להיות המעמד השליט בחברה

et elle n'est pas digne d'imposer ses conditions d'existence à la société comme une loi prépondérante

והיא אינה ראויה לכפות את תנאי קיומה על החברה כחוק גובר

Il est inapte à gouverner parce qu'il est incompétent pour assurer une existence à son esclave dans son esclavage

היא אינה כשירה למשול משום שאינה כשירה להבטיח קיום לעבד שלה בתוך עבדותו

parce qu'il ne peut s'empêcher de le laisser sombrer dans un tel état, qu'il doit le nourrir, au lieu d'être nourri par lui

כי היא לא יכולה שלא לתת לו לשקוע במצב כזה, שהיא צריכה להאכיל אותו, במקום להיות מוזנת על ידו

La société ne peut plus vivre sous cette bourgeoisie

החברה אינה יכולה עוד לחיות תחת בורגנות זו

En d'autres termes, son existence n'est plus compatible avec la société

במילים אחרות, קיומו אינו תואם עוד את החברה

La condition essentielle de l'existence et de l'influence de la classe bourgeoise est la formation et l'accroissement du capital

התנאי ההכרחי לקיומו, ולהשפעתו של המעמד הבורגני, הוא היווצרותו והגדלתו של ההון

La condition du capital, c'est le salariat-travail

התנאי להון הוא עבודה בשכר

Le travail salarié repose exclusivement sur la concurrence entre les travailleurs

עבודה בשכר נשענת אך ורק על תחרות בין העובדים

Le progrès de l'industrie, dont le promoteur involontaire est la bourgeoisie, remplace l'isolement des ouvriers

התקדמות התעשייה, שהמקדם הבלתי רצוני שלה הוא הבורגנות,
מחליף את בידודם של הפועלים

en raison de la concurrence, en raison de leur combinaison révolutionnaire, en raison de l'association

בגלל תחרות, בגלל השילוב המהפכני שלהם, בגלל התאגדות

Le développement de l'industrie moderne lui coupe sous les pieds les fondements mêmes sur lesquels la bourgeoisie produit et s'approprie les produits

התפתחותה של התעשייה המודרנית שומטת מתחת לרגליה את הבסיס
שעליו מייצרת הבורגנות ומנכסת מוצרים

Ce que la bourgeoisie produit avant tout, ce sont ses propres fossoyeurs

מה שהבורגנות מייצרת, בראש ובראשונה, הוא חופרי הקברים שלה

La chute de la bourgeoisie et la victoire du prolétariat sont également inévitables

נפילת הבורגנות וניצחון הפרולטריון הם בלתי נמנעים באותה מידה

Prolétaires et communistes
פרולטרים וקומוניסטים

Quel est le rapport des communistes vis-à-vis de l'ensemble des prolétaires ?

באיזה יחס עומדים הקומוניסטים לפרולטרים בכללותם?

Les communistes ne forment pas un parti séparé opposé aux autres partis de la classe ouvrière

הקומוניסטים אינם יוצרים מפלגה נפרדת המתנגדת למפלגות אחרות של מעמד הפועלים

Ils n'ont pas d'intérêts séparés de ceux du prolétariat dans son ensemble

אין להם אינטרסים נפרדים ונפרדים מאלה של הפרולטריון בכללותו

Ils n'établissent pas de principes sectaires qui leur soient propres pour façonner et modeler le mouvement prolétarien

הם אינם מציבים עקרונות כיתתיים משלהם, שבאמצעותם יוכלו לעצב ולעצב את התנועה הפרולטרית

Les communistes ne se distinguent des autres partis ouvriers que par deux choses

הקומוניסטים נבדלים ממפלגות מעמד הפועלים האחרות רק בשני דברים

Premièrement, ils signalent et mettent en avant les intérêts communs de l'ensemble du prolétariat, indépendamment de toute nationalité

ראשית, הם מצביעים ומביאים לחזית את האינטרסים המשותפים של הפרולטריון כולו, ללא תלות בכל לאום

C'est ce qu'ils font dans les luttes nationales des prolétaires des différents pays

הם עושים זאת במאבקים הלאומיים של הפרולטרים בארצות השונות

Deuxièmement, ils représentent toujours et partout les intérêts du mouvement dans son ensemble

שנית, הם תמיד ובכל מקום מייצגים את האינטרסים של התנועה כולה

c'est ce qu'ils font dans les différents stades de développement par lesquels doit passer la lutte de la classe ouvrière contre la bourgeoisie

הם עושים זאת בשלבי ההתפתחות השונים, שמאבקו של מעמד הפועלים נגד הבורגנות צריך לעבור

Les communistes sont donc, d'une part, pratiquement, la section la plus avancée et la plus résolue des partis ouvriers de tous les pays

הקומוניסטים, אם כן, הם מצד אחד, למעשה, החלק המתקדם והנחוש
ביותר של מפלגות מעמד הפועלים בכל מדינה

Ils sont cette section de la classe ouvrière qui pousse en
avant toutes les autres

הם אותו חלק של מעמד הפועלים שדוחף קדימה את כל האחרים

Théoriquement, ils ont aussi l'avantage de bien comprendre
la ligne de marche

תיאורטית, יש להם גם את היתרון של הבנה ברורה של קו הצעדה

C'est ce qu'ils comprennent mieux par rapport à la grande
masse du prolétariat

את זה הם מבינים טוב יותר בהשוואה למסה הגדולה של הפרולטריון

Ils comprennent les conditions et les résultats généraux
ultimes du mouvement prolétarien

הם מבינים את התנאים, ואת התוצאות הכלליות הסופיות של התנועה
הפרולטרית

Le but immédiat du Parti communiste est le même que celui
de tous les autres partis prolétariens

המטרה המיידית של הקומוניסט זהה לזו של כל המפלגות הפרולטריות
האחרות

Leur but est la formation du prolétariat en classe

מטרתם היא גיבוש הפרולטריון למעמד

ils visent à renverser la suprématie de la bourgeoisie

הם שואפים להפיל את העליונות הבורגנית

la conquête du pouvoir politique par le prolétariat

החתירה לכיבוש הכוח הפוליטי על ידי הפרולטריון

Les conclusions théoriques des communistes ne sont
nullement basées sur des idées ou des principes de
réformateurs

המסקנות התיאורטיות של הקומוניסטים אינן מבוססות בשום אופן על
רעיונות או עקרונות של רפורמטורים

ce ne sont pas des prétendus réformateurs universels qui ont
inventé ou découvert les conclusions théoriques des
communistes

לא היו אלה רפורמטורים אוניברסליים שהמציאו או גילו את המסקנות
התיאורטיות של הקומוניסטים

Ils ne font qu'exprimer, en termes généraux, des rapports
réels qui naissent d'une lutte de classe existante

הם בסך הכל מבטאים, במונחים כלליים, יחסים ממשיים הנובעים
ממאבק מעמדי קיים

Et ils décrivent le mouvement historique qui se déroule sous nos yeux et qui a créé cette lutte des classes

והם מתארים את התנועה ההיסטורית המתחוללת תחת עינינו שיצרה את המאבק המעמדי הזה

L'abolition des rapports de propriété existants n'est pas du tout un trait distinctif du communisme

ביטול יחסי הקניין הקיימים אינו מאפיין ייחודי של הקומוניזם

Dans le passé, toutes les relations de propriété ont été continuellement sujettes à des changements historiques

כל יחסי הקניין בעבר היו נתונים ללא הרף לשינוי היסטורי

et ces changements ont été consécutifs au changement des conditions historiques

ושינויים אלה נבעו משינוי התנאים ההיסטוריים

La Révolution française, par exemple, a aboli la propriété féodale au profit de la propriété bourgeoise

המהפכה הצרפתית, למשל, ביטלה את הקניין הפיאודלי לטובת רכוש בורגני

Le trait distinctif du communisme n'est pas l'abolition de la propriété, en général

המאפיין הייחודי של הקומוניזם אינו ביטול הרכוש, בדרך כלל

mais le trait distinctif du communisme, c'est l'abolition de la propriété bourgeoise

אבל המאפיין הבולט של הקומוניזם הוא ביטול הרכוש הבורגני

Mais la propriété privée de la bourgeoisie moderne est l'expression ultime et la plus complète du système de production et d'appropriation des produits

אבל הקניין הפרטי הבורגני המודרני הוא הביטוי הסופי והשלם ביותר של מערכת הייצור וההפקעה של מוצרים

C'est l'état final d'un système basé sur les antagonismes de classe, où l'antagonisme de classe est l'exploitation du plus grand nombre par quelques-uns

זהו המצב הסופי של מערכת המבוססת על אנטגוניזם מעמדי, כאשר אנטגוניזם מעמדי הוא ניצול הרבים על ידי מעטים

En ce sens, la théorie des communistes peut se résumer en une seule phrase ; l'abolition de la propriété privée

במובן זה, ניתן לסכם את התיאוריה של הקומוניסטים במשפט אחד; ביטול הרכוש הפרטי

On nous a reproché, à nous communistes, de vouloir abolir le droit d'acquérir personnellement des biens

אנו הקומוניסטים ננזפנו ברצון לבטל את הזכות לרכוש רכוש באופן
אישי

On prétend que cette propriété est le fruit du travail de
l'homme

נטען כי נכס זה הוא פרי עמלו של האדם

et cette propriété est censée être le fondement de toute
liberté, de toute activité et de toute indépendance
individuelles.

ורכוש זה הוא לכאורה הבסיס לכל חירות אישית, פעילות ועצמאות.

« Propriété durement gagnée, auto-acquise, auto-gagnée ! »

"רכוש שהושג בעמל רב, שנרכש בעצמו, הרוויח בעצמו!"

Voulez-vous dire la propriété du petit artisan et du petit
paysan ?

האם אתה מתכוון לרכושו של בעל המלאכה הקטן ושל האיכר הקטן?

Voulez-vous parler d'une forme de propriété qui a précédé
la forme bourgeoise ?

האם אתה מתכוון לצורת קניין שקדמה לצורה הבורגנית?

Il n'est pas nécessaire de l'abolir, le développement de
l'industrie l'a déjà détruit dans une large mesure

אין צורך לבטל את זה, התפתחות התעשייה במידה רבה כבר הרסה
אותה

et le développement de l'industrie continue de la détruire
chaque jour

ופיתוח התעשייה עדיין הורס אותה מדי יום

Ou voulez-vous parler de la propriété privée de la
bourgeoisie moderne ?

או שאתה מתכוון לרכוש פרטי בורגני מודרני?

Mais le travail salarié crée-t-il une propriété pour l'ouvrier ?

אך האם עבודה שכירה יוצרת רכוש כלשהו עבור הפועל?

Non, le travail salarié ne crée pas une parcelle de ce genre de
propriété !

לא, עבודה שכירה לא יוצרת ולו טיפת רכוש מסוג זה!

Ce que le travail salarié crée, c'est du capital ; ce genre de
propriété qui exploite le travail salarié

מה שהעבודה בשכר כן יוצרת הוא הון; סוג כזה של רכוש שמנצל
עבודה שכירה

Le capital ne peut s'accroître qu'à la condition d'engendrer
une nouvelle offre de travail salarié pour une nouvelle
exploitation

ההון אינו יכול לגדול אלא בתנאי שיוליד היצע חדש של עבודה-שכירה
לניצול חדש

La propriété, dans sa forme actuelle, est fondée sur
l'antagonisme du capital et du salariat

רכוש, בצורתו הנוכחית, מבוסס על אנטגוניזם של הון ועבודה בשכר

Examinons les deux côtés de cet antagonisme

הבה נבחן את שני צדדיו של אנטגוניזם זה

Être capitaliste, ce n'est pas seulement avoir un statut
purement personnel

להיות קפיטליסט פירושו להיות בעל מעמד אישי גרידא

Au contraire, être capitaliste, c'est aussi avoir un statut social
dans la production

במקום זאת, להיות קפיטליסט פירושו גם להיות בעל מעמד חברתי
בייצור

parce que le capital est un produit collectif ; Ce n'est que par
l'action unie de nombreux membres qu'elle peut être mise
en branle

כי ההון הוא מוצר קולקטיבי; רק על ידי פעולה מאוחדת של חברים
רבים ניתן להניע אותה

Mais cette action unie n'est qu'un dernier recours, et
nécessite en fait tous les membres de la société

אבל פעולה מאוחדת זו היא מוצא אחרון, ולמעשה דורשת את כל חברי
החברה

Le capital est converti en propriété de tous les membres de la
société

ההון אכן הופך לרכושם של כל חברי החברה

mais le Capital n'est donc pas une puissance personnelle ;
c'est un pouvoir social

אבל ההון הוא, אם כן, לא כוח אישי; זה כוח חברתי

Ainsi, lorsque le capital est converti en propriété sociale, la
propriété personnelle n'est pas pour autant transformée en
propriété sociale

לכן, כאשר ההון מומר לרכוש חברתי, רכוש אישי אינו הופך בכך לרכוש
חברתי

Ce n'est que le caractère social de la propriété qui est
modifié et qui perd son caractère de classe

רק אופיו החברתי של הנכס משתנה, ומאבד את אופיו המעמדי

Regardons maintenant le travail salarié

הבה נתבונן כעת בעבודה בשכר

Le prix moyen du salariat est le salaire minimum, c'est-à-dire
le quantum des moyens de subsistance

המחיר הממוצע של עבודה שכירה הוא שכר המינימום, כלומר
הקוונטים של אמצעי הקיום

Ce salaire est absolument nécessaire dans la simple
existence d'un ouvrier

שכר זה הכרחי לחלוטין בקיום חשוף כפועל

Ce que le salarié s'approprie par son travail ne suffit donc
qu'à prolonger et à reproduire une existence nue

מה, אם כן, העובד השכיר מנכס לעצמו באמצעות עמלו, רק מספיק כדי
להאריך ולשכפל קיום חשוף

Nous n'avons nullement l'intention d'abolir cette
appropriation personnelle des produits du travail

בשום פנים ואופן אין בכוונתנו לבטל את הניכוס האישי הזה של תוצרי
העבודה

une appropriation qui est faite pour le maintien et la
reproduction de la vie humaine

ניכוס שנעשה לתחזוקה ורבייה של חיי אדם

Une telle appropriation personnelle des produits du travail
ne laisse pas de surplus pour commander le travail d'autrui

ניכוס אישי כזה של תוצרי העבודה אינו מותיר עודפים שבהם ניתן
לפקד על עבודתם של אחרים

Tout ce que nous voulons supprimer, c'est le caractère
misérable de cette appropriation

כל מה שאנחנו רוצים להיפטר ממנו, הוא האופי העלוב של הניכוס הזה

l'appropriation dont vit l'ouvrier dans le seul but
d'augmenter son capital

הניכוס שתחתיו חי הפועל רק כדי להגדיל את ההון

Il n'est autorisé à vivre que dans la mesure où l'intérêt de la
classe dominante l'exige

מותר לו לחיות רק במידה שהאינטרס של המעמד השליט מחייב זאת

Dans la société bourgeoise, le travail vivant n'est qu'un
moyen d'augmenter le travail accumulé

בחברה הבורגנית, עבודה חיה אינה אלא אמצעי להגדלת העבודה
המצטברת

Dans la société communiste, le travail accumulé n'est qu'un
moyen d'élargir, d'enrichir, de promouvoir l'existence de
l'ouvrier

בחברה הקומוניסטית, העבודה המצטברת אינה אלא אמצעי להרחיב,
להעשיר, לקדם את קיומו של הפועל

C'est pourquoi, dans la société bourgeoise, le passé domine
le présent

בחברה הבורגנית, אם כן, העבר שולט בהווה

dans la société communiste, le présent domine le passé

בחברה הקומוניסטית ההווה שולט בעבר

Dans la société bourgeoise, le capital est indépendant et a
une individualité

בחברה הבורגנית ההון הוא עצמאי ובעל אינדיבידואליות

Dans la société bourgeoise, la personne vivante est
dépendante et n'a pas d'individualité

בחברה הבורגנית האדם החי הוא תלוי ואין לו אינדיבידואליות

Et l'abolition de cet état de choses est appelée par la
bourgeoisie l'abolition de l'individualité et de la liberté !

וביטול מצב דברים זה נקרא על ידי הבורגנות, ביטול האינדיבידואליות
והחופש!

Et c'est à juste titre qu'on l'appelle l'abolition de
l'individualité et de la liberté !

וזה נקרא בצדק ביטול האינדיבידואליות והחופש!

Le communisme vise à l'abolition de l'individualité
bourgeoise

הקומוניזם שואף לביטול האינדיבידואליות הבורגנית

Le communisme veut l'abolition de l'indépendance de la
bourgeoisie

הקומוניזם מתכוון לביטול העצמאות הבורגנית

La liberté de la bourgeoisie est sans aucun doute ce que vise
le communisme

חירות בורגנית היא ללא ספק מה שהקומוניזם מכוון אליו

dans les conditions actuelles de production de la
bourgeoisie, la liberté signifie le libre-échange, la liberté de
vendre et d'acheter

בתנאי הייצור הבורגניים הנוכחיים, חופש פירושו סחר חופשי, מכירה
וקנייה חופשיות

Mais si la vente et l'achat disparaissent, la vente et l'achat
gratuits disparaissent également

אבל אם המכירה והקנייה נעלמות, גם המכירה והקנייה החופשית
נעלמות

Les « paroles courageuses » de la bourgeoisie sur la vente et
l'achat libres n'ont qu'un sens limité

ל"מילים אמיצות" של הבורגנות על מכירה וקנייה חופשית יש משמעות
רק במובן מוגבל

Ces mots n'ont de sens que par opposition à la vente et à l'achat restreints

למילים אלה יש משמעות רק בניגוד למכירה וקנייה מוגבלות

et ces mots n'ont de sens que lorsqu'ils s'appliquent aux marchands enchaînés du moyen âge

ולמילים אלה יש משמעות רק כאשר הן מיושמות על הסוחרים הכבולים של ימי הביניים

et cela suppose que ces mots aient même un sens dans un sens bourgeois

וזה בהנחה שלמילים האלה יש בכלל משמעות במובן בורגני

mais ces mots n'ont aucun sens lorsqu'ils sont utilisés pour s'opposer à l'abolition communiste de l'achat et de la vente

אבל למילים האלה אין משמעות כאשר משתמשים בהן כדי להתנגד לביטול הקומוניסטי של קנייה ומכירה

les mots n'ont pas de sens lorsqu'ils sont utilisés pour s'opposer à l'abolition des conditions de production de la bourgeoisie

למילים אין משמעות כאשר משתמשים בהן כדי להתנגד לביטול תנאי הייצור הבורגניים

et ils n'ont aucun sens lorsqu'ils sont utilisés pour s'opposer à l'abolition de la bourgeoisie elle-même

ואין להם משמעות כאשר משתמשים בהם כדי להתנגד לביטול הבורגנות עצמה

Vous êtes horrifiés par notre intention d'en finir avec la propriété privée

אתם מזועזעים מכך שאנו מתכוונים לחסל רכוש פרטי

Mais dans votre société actuelle, la propriété privée est déjà abolie pour les neuf dixièmes de la population

אבל בחברה הקיימת שלכם, הרכוש הפרטי כבר חוסל עבור תשע עשיריות מהאוכלוסייה

L'existence d'une propriété privée pour quelques-uns est uniquement due à sa non-existence entre les mains des neuf dixièmes de la population

קיומו של רכוש פרטי למעטים נובע אך ורק מאי קיומו בידי תשע עשיריות האוכלוסייה

Vous nous reprochez donc d'avoir l'intention de supprimer une forme de propriété

אתה גוער בנו, אם כן, בכוונה לחסל סוג של רכוש

Mais la propriété privée nécessite l'inexistence de toute propriété pour l'immense majorité de la société

אבל רכוש פרטי מחייב אי-קיומו של רכוש כלשהו עבור הרוב העצום
של החברה

En un mot, vous nous reprochez d'avoir l'intention de vous
débarrasser de vos biens

במילה אחת, אתה נוזף בנו על כוונה לחסל את רכושך

Et c'est précisément le cas ; se débarrasser de votre propriété
est exactement ce que nous avons l'intention de faire

וזה בדיוק כך; חיסול הנכס שלך הוא בדיוק מה שאנחנו מתכוונים

À partir du moment où le travail ne peut plus être converti
en capital, en argent ou en rente

מהרגע שבו כבר לא ניתן להמיר את העבודה להון, כסף או שכר דירה

quand le travail ne peut plus être converti en un pouvoir
social monopolisé

כאשר לא ניתן עוד להפוך את העבודה לכוח חברתי המסוגל להיות
מונופול

à partir du moment où la propriété individuelle ne peut plus
être transformée en propriété bourgeoise

מהרגע שבו כבר לא ניתן להפוך רכוש פרטי לרכוש בורגני

à partir du moment où la propriété individuelle ne peut plus
être transformée en capital

מהרגע שבו כבר לא ניתן להפוך רכוש פרטי להון

À partir de ce moment-là, vous dites que l'individualité
s'évanouit

מאותו רגע, אתה אומר שהאינדיבידואליות נעלמת

Vous devez donc avouer que par « individu » vous
n'entendez personne d'autre que la bourgeoisie

אתה חייב, אם כן, להודות שב"אינדיבידואל" אתה מתכוון ללא אדם
אחר מאשר הבורגנות

Vous devez avouer qu'il s'agit spécifiquement du
propriétaire de la classe moyenne

אתה חייב להודות שזה מתייחס באופן ספציפי לבעלים של רכוש
מהמעמד הבינוני

Cette personne doit, en effet, être balayée et rendue
impossible

אכן, יש לסטות אדם זה מהדרך, ולהפוך אותו לבלתי אפשרי

Le communisme ne prive personne du pouvoir de
s'approprier les produits de la société

הקומוניזם לא שולל מאף אדם את הכוח לנכס לעצמו את תוצרי
החברה

tout ce que fait le communisme, c'est de le priver du pouvoir de subjuguer le travail d'autrui au moyen d'une telle appropriation

כל מה שהקומוניזם עושה הוא לשלול ממנו את הכוח לשעבד את עבודתם של אחרים באמצעות ניכוס כזה

On a objecté qu'avec l'abolition de la propriété privée, tout travail cesserait

הועלתה התנגדות כי עם ביטול הרכוש הפרטי תיפסק כל העבודה

et il est alors suggéré que la paresse universelle nous rattrapera

ואז מוצע כי העצלות האוניברסלית תשתלט עלינו

D'après cela, il y a longtemps que la société bourgeoise aurait dû aller aux chiens par pure oisiveté

לפי זה, החברה הבורגנית הייתה צריכה מזמן ללכת לכלבים דרך בטלה מוחלטת

parce que ceux de ses membres qui travaillent, n'acquièrent rien

כי אלה מחבריה שעובדים, אינם רוכשים דבר

et ceux de ses membres qui acquièrent quoi que ce soit, ne travaillent pas

ואלה מחבריה שרוכשים משהו, לא עובדים

L'ensemble de cette objection n'est qu'une autre expression de la tautologie

כל ההתנגדות הזאת היא רק ביטוי נוסף של הטאוטולוגיה

Il ne peut plus y avoir de travail salarié quand il n'y a plus de capital

לא יכולה להיות יותר עבודה שכירה כאשר אין יותר הון

Il n'y a pas de différence entre les produits matériels et les produits mentaux

אין הבדל בין מוצרים חומריים למוצרים מנטליים

Le communisme propose que les deux soient produits de la même manière

הקומוניזם מציע ששני אלה מיוצרים באותו אופן

mais les objections contre les modes communistes de production sont les mêmes

אבל ההתנגדויות נגד הדרכים הקומוניסטיות לייצר אותן הן זהות

pour la bourgeoisie, la disparition de la propriété de classe est la disparition de la production elle-même

עבור הבורגנות, היעלמות הרכוש המעמדי היא היעלמות הייצור עצמו

Ainsi, la disparition de la culture de classe est pour lui identique à la disparition de toute culture

אם כן, היעלמותה של התרבות המעמדית זהה בעיניו להיעלמותה של התרבות כולה

Cette culture, dont il déplore la perte, n'est pour l'immense majorité qu'un simple entraînement à agir comme une machine

תרבות זו, שאובדנה הוא מקונן עליה, היא עבור הרוב המכריע רק אימון לפעול כמכונה

Les communistes ont bien l'intention d'abolir la culture de la propriété bourgeoise

הקומוניסטים מתכוונים מאוד לבטל את תרבות הרכוש הבורגני

Mais ne vous querellez pas avec nous tant que vous appliquez les normes de vos notions bourgeoises de liberté, de culture, de droit, etc

אבל אל תתקוטטו איתנו כל עוד אתם מיישמים את הסטנדרטים של המושגים הבורגניים שלכם של חופש, תרבות, חוק וכו'

Vos idées mêmes ne sont que le résultat des conditions de votre production bourgeoise et de la propriété bourgeoise

עצם הרעיונות שלך אינם אלא תולדה של תנאי הייצור הבורגני והרכוש הבורגני שלך

de même que votre jurisprudence n'est que la volonté de votre classe érigée en loi pour tous

בדיוק כפי שתורת המשפט שלך אינה אלא רצון הכיתה שלך שהפך לחוק לכולם

Le caractère essentiel et l'orientation de cette volonté sont déterminés par les conditions économiques créées par votre classe sociale

האופי והכיוון המהותיים של רצון זה נקבעים על ידי התנאים הכלכליים שהמעמד החברתי שלכם יוצר

L'idée fausse égoïste qui vous pousse à transformer les formes sociales en lois éternelles de la nature et de la raison

התפיסה האנוכית המוטעית שגורמת לכם להפוך צורות חברתיות לחוקי טבע והיגיון נצחיים

les formes sociales qui découlent de votre mode de production et de votre forme de propriété actuels

הצורות החברתיות הנובעות מאופן הייצור הנוכחי שלכם ומצורת הרכוש שלכם

des rapports historiques qui naissent et disparaissent dans le progrès de la production

יחסים היסטוריים שעולים ונעלמים בהתקדמות הייצור

cette idée fausse que vous partagez avec toutes les classes dirigeantes qui vous ont précédés

את התפיסה המוטעית הזו אתם חולקים עם כל מעמד שליט שקדם לכם

Ce que vous voyez clairement dans le cas de la propriété ancienne, ce que vous admettez dans le cas de la propriété féodale

מה שאתה רואה בבירור במקרה של רכוש עתיק, מה שאתה מודה במקרה של רכוש פיאודלי

ces choses, il vous est bien entendu interdit de les admettre dans le cas de votre propre forme de propriété bourgeoise

את הדברים האלה אסור לך כמובן להודות במקרה של צורת הקניין הבורגנית שלך

Abolition de la famille ! Même les plus radicaux s'enflamment devant cette infâme proposition des communistes

ביטול המשפחה! אפילו ההתלקחות הקיצונית ביותר למשמע הצעה ידועה לשמצה זו של הקומוניסטים

Sur quelle base se fonde la famille actuelle, la famille bourgeoise ?

על איזה בסיס מבוססת המשפחה הנוכחית, המשפחה הבורגנית?

La fondation de la famille actuelle est basée sur le capital et le gain privé

הקמת המשפחה הנוכחית מבוססת על הון ורווח פרטי

Sous sa forme complètement développée, cette famille n'existe que dans la bourgeoisie

בצורתה המפותחת לחלוטין משפחה זו קיימת רק בקרב הבורגנות

Cet état de choses trouve son complément dans l'absence pratique de la famille chez les prolétaires

מצב דברים זה מוצא את השלמתו בהיעדרה המעשי של המשפחה בקרב הפרולטרים

Cet état de choses se retrouve dans la prostitution publique

מצב דברים זה ניתן למצוא בזנות ציבורית

La famille bourgeoise disparaîtra d'office quand son effectif disparaîtra

המשפחה הבורגנית תיעלם כדבר מובן מאליו כאשר המשלים שלה ייעלמו

et l'une et l'autre s'évanouiront avec la disparition du capital

ושני אלה ייעלמו עם היעלמות ההון

Nous accusez-vous de vouloir mettre fin à l'exploitation des enfants par leurs parents ?

האם אתם מאשימים אותנו ברצון להפסיק את ניצול הילדים על ידי הוריהם?

Nous plaidons coupables de ce crime

על פשע זה אנו מודים באשמה

Mais, direz-vous, on détruit les relations les plus sacrées, quand on remplace l'éducation à domicile par l'éducation sociale

אבל, אתם תאמרו, אנחנו הורסים את היחסים המקודשים ביותר, כשאנחנו מחליפים את החינוך הביתי בחינוך חברתי

Votre éducation n'est-elle pas aussi sociale ? Et n'est-elle pas déterminée par les conditions sociales dans lesquelles vous éduquez ?

החינוך שלך לא גם חברתי? והאם זה לא נקבע על ידי התנאים החברתיים שבהם אתה מחנך?

par l'intervention, directe ou indirecte, de la société, par le biais de l'école, etc.

על ידי התערבות, ישירה או עקיפה, של החברה, באמצעות בתי ספר וכו'.

Les communistes n'ont pas inventé l'intervention de la société dans l'éducation

הקומוניסטים לא המציאו את התערבות החברה בחינוך

ils ne cherchent qu'à modifier le caractère de cette intervention

הם עושים זאת, אך מבקשים לשנות את אופייה של אותה התערבות

et ils cherchent à sauver l'éducation de l'influence de la classe dirigeante

והם מבקשים להציל את החינוך מהשפעת המעמד השליט

La bourgeoisie parle de la relation sacrée du parent et de l'enfant

הדיבור הבורגני על יחסי הגומלין המקודשים של הורה וילד

mais ce baratin sur la famille et l'éducation devient d'autant plus répugnant quand on regarde l'industrie moderne

אבל מלכודת מחיאות הכפיים הזו על המשפחה והחינוך הופכת מגעילה עוד יותר כשמסתכלים על התעשייה המודרנית

Tous les liens familiaux entre les prolétaires sont déchirés par l'industrie moderne

כל קשרי המשפחה בין הפרולטרים נקרעים תחת התעשייה המודרנית

Leurs enfants sont transformés en simples objets de commerce et en instruments de travail

ילדיהם הופכים לכלי מסחר פשוטים ולכלי עבודה

Mais vous, communistes, vous créeriez une communauté de femmes, crie en chœur toute la bourgeoisie

אבל אתם, הקומוניסטים, תיצרו קהילה של נשים, זועקת כל הבורגנות במקהלה

La bourgeoisie ne voit en sa femme qu'un instrument de production

הבורגני רואה באשתו רק כלי ייצור

Il entend dire que les instruments de production doivent être exploités par tous

הוא שומע שכלי הייצור צריכים להיות מנוצלים על ידי כולם

et, naturellement, il ne peut arriver à aucune autre conclusion que celle d'être commun à tous retombera également sur les femmes

וכמובן, הוא לא יכול להגיע לשום מסקנה אחרת מאשר שמנת חלקם של המשותף לכולם תיפול גם היא על נשים

Il ne soupçonne même pas qu'il s'agit en fait d'en finir avec le statut de la femme en tant que simple instrument de production

אין לו אפילו חשד שהמטרה האמיתית היא לבטל את מעמדן של הנשים ככלי ייצור גרידא

Du reste, rien n'est plus ridicule que l'indignation vertueuse de notre bourgeoisie contre la communauté des femmes

עבור השאר, אין דבר מגוחך יותר מאשר הזעם המוסרי של הבורגנות שלנו על קהילת הנשים

ils prétendent qu'elle doit être établie ouvertement et officiellement par les communistes

הם מעמידים פנים שהיא הוקמה באופן גלוי ורשמי על ידי הקומוניסטים

Les communistes n'ont pas besoin d'introduire la communauté des femmes, elle existe depuis des temps immémoriaux

לקומוניסטים אין צורך להכניס קהילת נשים, היא קיימת כמעט מאז ומתמיד

Notre bourgeoisie ne se contente pas d'avoir à sa disposition les femmes et les filles de ses prolétaires

הבורגנים שלנו אינם מסתפקים בכך שנשותיהם ובנותיהם של הפרולטרים שלהם יעמדו לרשותם

Ils prennent le plus grand plaisir à séduire les femmes de l'autre

הם נהנים ביותר לפתות זה את נשותיו של זה

Et cela ne parle même pas des prostituées ordinaires

וזה אפילו לא לדבר על נפוצות

Le mariage bourgeois est en réalité un système d'épouses en commun

נישואים בורגניים הם למעשה מערכת של נשים משותפות

puis il y a une chose qu'on pourrait peut-être reprocher aux communistes

אז יש דבר אחד שהקומוניסטים עלולים להינזף בו

Ils souhaitent introduire une communauté de femmes ouvertement légalisée

הם רוצים להציג קהילה חוקית של נשים

plutôt qu'une communauté de femmes hypocritement dissimulée

במקום קהילת נשים צבועה ומוסתרת

la communauté des femmes issues du système de production

קהילת הנשים הצומחת ממערכת הייצור

Abolissez le système de production, et vous abolissez la communauté des femmes

בטלו את שיטת הייצור, ואתם תבטלו את קהילת הנשים

La prostitution publique est abolie et la prostitution privée

גם הזנות הציבורית מתבטלת, וגם הזנות הפרטית

On reproche en outre aux communistes de vouloir abolir les pays et les nationalités

הקומוניסטים ננזפים עוד יותר ברצונם לבטל מדינות ולאום

Les travailleurs n'ont pas de patrie, nous ne pouvons donc pas leur prendre ce qu'ils n'ont pas

לאנשים העובדים אין מדינה, ולכן איננו יכולים לקחת מהם את מה שאין להם

Le prolétariat doit d'abord acquérir la suprématie politique

על הפרולטריון לרכוש קודם כל עליונות פוליטית

Le prolétariat doit s'élever pour être la classe dirigeante de la nation

הפרולטריון חייב לעלות להיות המעמד המוביל של האומה

Le prolétariat doit se constituer en nation

הפרולטריון חייב להוות את עצמו כאומה

elle est, jusqu'à présent, elle-même nationale, mais pas dans le sens bourgeois du mot

עד כה היא עצמה לאומית, אם כי לא במובן הבורגני של המילה

Les différences nationales et les antagonismes entre les peuples s'estompent chaque jour davantage

הבדלים לאומיים ויריבויות בין עמים הולכים ונעלמים מדי יום

grâce au développement de la bourgeoisie, à la liberté du commerce, au marché mondial

בגלל התפתחות הבורגנות, בגלל חופש המסחר, בגלל השוק העולמי

à l'uniformité du mode de production et des conditions de vie qui y correspondent

לאחידות באופן הייצור ובתנאי החיים המקבילים לו

La suprématie du prolétariat les fera disparaître encore plus vite

עליונותו של הפרולטריון תגרום להם להיעלם עוד יותר מהר

L'action unie, du moins dans les principaux pays civilisés, est une des premières conditions de l'émancipation du prolétariat

פעולה מאוחדת, של המדינות המתורבתות המובילות לפחות, היא אחד התנאים הראשונים לשחרור הפרולטריון

Dans la mesure où l'exploitation d'un individu par un autre prendra fin, l'exploitation d'une nation par une autre prendra également fin à

בפרופורציה, ככל שהניצול של אדם אחד על ידי אחר ייפסק, גם הניצול של אומה אחת על ידי אחרת יופסק

À mesure que l'antagonisme entre les classes à l'intérieur de la nation disparaîtra, l'hostilité d'une nation envers une autre prendra fin

בפרופורציה ככל שהאנטגוניזם בין המעמדות בתוך האומה ייעלם, העוינות של אומה אחת לאחרת תגיע לקיצה

Les accusations portées contre le communisme d'un point de vue religieux, philosophique et, en général, idéologique, ne méritent pas d'être examinées sérieusement

ההאשמות נגד הקומוניזם שנאמרו מנקודת מבט דתית, פילוסופית, ובאופן כללי אידיאולוגית, אינן ראויות לבחינה רצינית

Faut-il une intuition profonde pour comprendre que les idées, les vues et les conceptions de l'homme changent à chaque changement dans les conditions de son existence matérielle ?

האם נדרשת אינטואיציה עמוקה כדי להבין שרעיונותיו, השקפותיו
ותפיסותיו של האדם משתנים עם כל שינוי בתנאי קיומו החומרי?

N'est-il pas évident que la conscience de l'homme change
lorsque ses relations sociales et sa vie sociale changent ?

האין זה מובן מאליו שתודעתו של האדם משתנה כאשר יחסיו
החברתיים וחייו החברתיים משתנים?

Qu'est-ce que l'histoire des idées prouve d'autre, sinon que
la production intellectuelle change de caractère à mesure que
la production matérielle se modifie ?

מה עוד מוכיחה ההיסטוריה של הרעיונות, מאשר שהייצור
האינטלקטואלי משנה את אופיו בפרופורציה ככל שהייצור החומרי
משתנה?

Les idées dominantes de chaque époque ont toujours été les
idées de sa classe dirigeante

הרעיונות השליטים של כל עידן היו מאז ומתמיד הרעיונות של המעמד
השליט שלו

Quand on parle d'idées qui révolutionnent la société, on
n'exprime qu'un seul fait

כשאנשים מדברים על רעיונות שמחוללים מהפכה בחברה, הם מבטאים
רק עובדה אחת

Au sein de l'ancienne société, les éléments d'une nouvelle
société ont été créés

בתוך החברה הישנה נוצרו האלמנטים של חברה חדשה

et que la dissolution des vieilles idées va de pair avec la
dissolution des anciennes conditions d'existence

ושפירוק הרעיונות הישנים עומד בקצב אחיד עם התפוררות תנאי
הקיום הישנים

Lorsque le monde antique était dans ses dernières affresses,
les anciennes religions ont été vaincues par le christianisme

כאשר העולם העתיק היה בימיו האחרונים, הדתות העתיקות הוכרעו
על ידי הנצרות

Lorsque les idées chrétiennes ont succombé au XVIIIe siècle
aux idées rationalistes, la société féodale a mené une bataille
à mort contre la bourgeoisie alors révolutionnaire

כאשר רעיונות נוצריים נכנעו במאה ה-18 לרעיונות רציונליסטיים,
החברה הפיאודלית נלחמה את קרב המוות שלה עם הבורגנות
המהפכנית דאז

Les idées de liberté religieuse et de liberté de conscience
n'ont fait qu'exprimer l'emprise de la libre concurrence dans
le domaine de la connaissance

הרעיונות של חופש הדת וחופש המצפון רק נתנו ביטוי להשפעה של תחרות חופשית בתחום הידע

« Sans doute, dira-t-on, les idées religieuses, morales, philosophiques et juridiques ont été modifiées au cours du développement historique »

"אין ספק", ייאמר, "רעיונות דתיים, מוסריים, פילוסופיים ומשפטיים שונו במהלך ההתפתחות ההיסטורית"

Mais la religion, la morale, la philosophie, la science politique et le droit ont constamment survécu à ce changement.

"אבל הדת, פילוסופיית המוסר, מדע המדינה והמשפט, שרדו כל הזמן את השינוי הזה"

« Il y a aussi des vérités éternelles, telles que la Liberté, la Justice, etc. »

"יש גם אמיתות נצחיות, כמו חופש, צדק וכו'"

« Ces vérités éternelles sont communes à tous les états de la société »

"אמיתות נצחיות אלה משותפות לכל מצבי החברה"

« Mais le communisme abolit les vérités éternelles, il abolit toute religion et toute morale »

"אבל הקומוניזם מבטל אמיתות נצחיות, הוא מבטל את כל הדת ואת כל המוסר"

« il fait cela au lieu de les constituer sur une nouvelle base »

"היא עושה זאת במקום להרכיב אותם על בסיס חדש"

« Elle agit donc en contradiction avec toute l'expérience historique passée »

"היא פועלת אפוא בניגוד לכל ניסיון היסטורי מן העבר"

À quoi se réduit cette accusation ?

למה מצמצמת האשמה זו את עצמה?

L'histoire de toute la société passée a consisté dans le développement d'antagonismes de classe

ההיסטוריה של כל חברות העבר כללה התפתחות של אנטגוניזם מעמדי

antagonismes qui ont pris des formes différentes selon les époques

אנטגוניזם שלבש צורות שונות בתקופות שונות

Mais quelle que soit la forme qu'ils aient prise, un fait est commun à tous les âges passés

אבל תהיה צורתם אשר תהיה, עובדה אחת משותפת לכל העידנים הקודמים

l'exploitation d'une partie de la société par l'autre

ניצול חלק אחד של החברה על ידי האחר

Il n'est donc pas étonnant que la conscience sociale des âges passés se meuve à l'intérieur de certaines formes communes ou d'idées générales

אין פלא, אם כן, שהתודעה החברתית של העידנים הקודמים נעה בתוך צורות משותפות מסוימות, או רעיונות כלליים

(et ce, malgré toute la multiplicité et la variété qu'il affiche)

(וזה למרות כל הריבוי והמגוון שהוא מציג)

et ceux-ci ne peuvent disparaître complètement qu'avec la disparition totale des antagonismes de classe

ואלה אינם יכולים להיעלם לחלוטין אלא עם היעלמותם המוחלטת של האנטגוניזם המעמדי

La révolution communiste est la rupture la plus radicale avec les rapports de propriété traditionnels

המהפכה הקומוניסטית היא הקרע הקיצוני ביותר ביחסי הקניין המסורתיים

Il n'est donc pas étonnant que son développement implique la rupture la plus radicale avec les idées traditionnelles

אין פלא שהתפתחותה כרוכה בקרע הרדיקלי ביותר עם רעיונות מסורתיים

Mais finissons-en avec les objections de la bourgeoisie contre le communisme

אבל בואו נסיים עם ההתנגדות הבורגנית לקומוניזם

Nous avons vu plus haut le premier pas de la révolution de la classe ouvrière

ראינו לעיל את הצעד הראשון במהפכה של מעמד הפועלים

Le prolétariat doit être élevé à la position de dirigeant, pour gagner la bataille de la démocratie

יש להעלות את הפרולטריון לעמדת השלטון, כדי לנצח בקרב על הדמוקרטיה

Le prolétariat usera de sa suprématie politique pour arracher peu à peu tout le capital à la bourgeoisie

הפרולטריון ישתמש בעליונותו הפוליטית כדי לגרוף, במעלות, את כל ההון מהבורגנות

elle centralisera tous les instruments de production entre les mains de l'État

היא תרכז את כל מכשירי הייצור בידי המדינה

En d'autres termes, le prolétariat s'est organisé en classe dominante

במילים אחרות, הפרולטריון התארגן כמעמד השליט

et elle augmentera le plus rapidement possible le total des forces productives

וזה יגדיל את סך הכוחות היצרניים מהר ככל האפשר

Bien sûr, au début, cela ne peut se faire qu'au moyen d'incursions despotiques dans les droits de propriété

כמובן, בהתחלה, זה לא יכול להתבצע אלא באמצעות דרכים רודניות על זכויות הקניין

et elle doit être réalisée dans les conditions de la production bourgeoise

וזה צריך להיות מושג בתנאים של ייצור בורגני

Elle est donc réalisée au moyen de mesures qui semblent économiquement insuffisantes et intenables

היא מושגת באמצעות אמצעים, אם כן, שנראים בלתי מספיקים מבחינה כלכלית ובלתי נסבלים

mais ces moyens, dans le cours du mouvement, se dépassent d'eux-mêmes

אבל אמצעים אלה, במהלך התנועה, עולים על עצמם

elles nécessitent de nouvelles incursions dans l'ancien ordre social

הם מחייבים חדירה נוספת לסדר החברתי הישן

et ils sont inévitables comme moyen de révolutionner entièrement le mode de production

והם בלתי נמנעים כאמצעי למהפכה מוחלטת במצב הייצור

Ces mesures seront bien sûr différentes selon les pays

צעדים אלה יהיו כמובן שונים במדינות שונות

Néanmoins, dans les pays les plus avancés, ce qui suit sera assez généralement applicable

עם זאת, במדינות המתקדמות ביותר, הדברים הבאים יהיו ישימים באופן כללי למדי

1. L'abolition de la propriété foncière et l'affectation de toutes les rentes foncières à des fins publiques.

1. ביטול רכוש במקרקעין והחלת כל דמי השכירות של קרקעות למטרות ציבוריות.

2. Un impôt sur le revenu progressif ou progressif lourd.

2. מס הכנסה פרוגרסיבי כבד או מדורג.

3. Abolition de tout droit d'héritage.

3. ביטול כל זכות ירושה.

4. Confiscation des biens de tous les émigrés et rebelles.

4. החרמת רכושם של כל המהגרים והמורדים.

5. Centralisation du crédit entre les mains de l'État, au moyen d'une banque nationale à capital d'État et monopole exclusif.

5. ריכוז האשראי בידי המדינה, באמצעות בנק לאומי בעל הון מדינה ומונופול בלעדי.

6. Centralisation des moyens de communication et de transport entre les mains de l'État.

6. ריכוז אמצעי התקשורת והתחבורה בידי המדינה.

7. Extension des usines et des instruments de production appartenant à l'État

7. הרחבת מפעלים ומכשירי ייצור בבעלות המדינה

la mise en culture des terres incultes, et l'amélioration du sol en général d'après un plan commun.

הכנסת שטחי פסולת לעיבוד והשבחת הקרקע בדרך כלל בהתאם לתוכנית משותפת.

8. Responsabilité égale de tous vis-à-vis du travail

8. אחריות שווה של כולם לעבודה

Mise en place d'armées industrielles, notamment pour l'agriculture.

הקמת צבאות תעשייתיים, בעיקר לחקלאות.

9. Combinaison de l'agriculture et des industries manufacturières

9. שילוב של חקלאות עם תעשיות ייצור

l'abolition progressive de la distinction entre la ville et la campagne, par une répartition plus égale de la population sur le territoire.

ביטול הדרגתי של ההבחנה בין עיר למדינה, על ידי פיזור שוויוני יותר של האוכלוסייה על פני הארץ.

10. Gratuité de l'éducation pour tous les enfants dans les écoles publiques.

10. חינוך חינם לכל הילדים בבתי הספר הציבוריים.

Abolition du travail des enfants dans les usines sous sa forme actuelle

ביטול עבודת הילדים במפעלים במתכונתה הנוכחית

Combinaison de l'éducation et de la production industrielle

שילוב של חינוך עם ייצור תעשייתי

Quand, au cours du développement, les distinctions de classe ont disparu

כאשר, במהלך ההתפתחות, נעלמו ההבחנות המעמדיות

et quand toute la production aura été concentrée entre les mains d'une vaste association de toute la nation

וכאשר כל הייצור מרוכז בידי אגודה עצומה של האומה כולה

alors la puissance publique perdra son caractère politique

אז הכוח הציבורי יאבד את אופיו הפוליטי

Le pouvoir politique, proprement dit, n'est que le pouvoir organisé d'une classe pour en opprimer une autre

כוח פוליטי, כך נקרא בצדק, הוא בסך הכל הכוח המאורגן של מעמד אחד לדיכוי מעמד אחר

Si le prolétariat, dans sa lutte contre la bourgeoisie, est contraint, par la force des choses, de s'organiser en classe

אם הפרולטריון במהלך מאבקו עם הבורגנות נאלץ, מכורח הנסיבות, להתארגן כמעמד

si, par une révolution, elle se fait la classe dominante

אם, באמצעות מהפכה, הוא הופך את עצמו למעמד השליט

et, en tant que telle, elle balaie par la force les anciennes conditions de production

וככזה, הוא סוחף בכוח את תנאי הייצור הישנים

alors, avec ces conditions, elle aura balayé les conditions d'existence des antagonismes de classes et des classes en général

אז, יחד עם תנאים אלה, היא תטאטא את התנאים לקיומם של אנטגוניזם מעמדי ושל מעמדות באופן כללי

et aura ainsi aboli sa propre suprématie en tant que classe.

ובכך יבטל את עליונותו שלו כמעמד.

A la place de l'ancienne société bourgeoise, avec ses classes et ses antagonismes de classes, nous aurons une association

במקום החברה הבורגנית הישנה, על המעמדות והאנטגוניזם המעמדי שלה, תהיה לנו אגודה

une association dans laquelle le libre développement de chacun est la condition du libre développement de tous

אגודה שבה ההתפתחות החופשית של כל אחד מהם היא התנאי להתפתחות חופשית של כולם

1) Le socialisme réactionnaire

1) סוציאליזם ריאקציונרי

a) Le socialisme féodal

א) סוציאליזם פיאודלי

les aristocraties de France et d'Angleterre avaient une position historique unique

האריסטוקרטיה של צרפת ואנגליה הייתה בעלת מעמד היסטורי ייחודי

c'est devenu leur vocation d'écrire des pamphlets contre la société bourgeoise moderne

ייעודם היה לכתוב חוברות נגד החברה הבורגנית המודרנית

Dans la révolution française de juillet 1830 et dans l'agitation réformiste anglaise

במהפכה הצרפתית ביולי 1830, ובתסיסה הרפורמיסטית האנגלית

Ces aristocraties succombèrent de nouveau à l'odieux parvenu

אריסטוקרטיות אלה נכנעו שוב להתפרצות רוויית השנאה

Dès lors, il n'était plus question d'une lutte politique sérieuse

מכאן ואילך, תחרות פוליטית רצינית לא באה בחשבון

Tout ce qui restait possible, c'était une bataille littéraire, pas une véritable bataille

כל מה שנותר אפשרי היה קרב ספרותי, לא קרב של ממש

Mais même dans le domaine de la littérature, les vieux cris de la période de la restauration étaient devenus impossibles

אבל אפילו בתחום הספרות, הזעקות הישנות של תקופת הרסטורציה הפכו לבלתי אפשריות

Pour s'attirer la sympathie, l'aristocratie était obligée de perdre de vue, semble-t-il, ses propres intérêts

כדי לעורר אהדה, האריסטוקרטיה נאלצה לשכוח, ככל הנראה, את האינטרסים שלהם

et ils ont été obligés de formuler leur réquisitoire contre la bourgeoisie dans l'intérêt de la classe ouvrière exploitée

והם היו חייבים לנסח את כתב האישום שלהם נגד הבורגנות לטובת מעמד הפועלים המנוצל

C'est ainsi que l'aristocratie prit sa revanche en chantant des pamphlets sur son nouveau maître

כך נקמה האריסטוקרטיה בשירת למפונים על אדונם החדש

et ils prirent leur revanche en lui murmurant à l'oreille de sinistres prophéties de catastrophe à venir

והם נקמו את נקמתם בכך שלחשו באוזניו נבואות זדוניות על אסון מתקרב

C'est ainsi qu'est né le socialisme féodal : moitié lamentation, moitié moquerie

בדרך זו קם הסוציאליזם הפיאודלי: חצי קינה, חצי למפון

Il sonnait comme un demi-écho du passé, et projetait une demi-menace de l'avenir

הוא צלצל כחצי הד של העבר, והקרין חצי איום על העתיד

parfois, par sa critique acerbe, spirituelle et incisive, il frappait la bourgeoisie au plus profond de lui-même

לעתים, בביקורתה המרה, השנונה והנוקבת, היא פגעה בבורגנות עד עמקי נשמתה

mais elle a toujours été ridicule dans son effet, par l'incapacité totale de comprendre la marche de l'histoire moderne

אבל זה תמיד היה מגוחך בהשפעתו, בגלל חוסר יכולת מוחלט להבין את מצעד ההיסטוריה המודרנית

L'aristocratie, pour rallier le peuple à elle, agitait le sac d'aumône prolétarien en guise de bannière

האריסטוקרטיה, כדי לגייס את העם אליהם, הניפה את שק הנדבה הפרולטרי בחזית לדגל

Mais le peuple, toutes les fois qu'il se joignait à lui, voyait sur son arrière-train les anciennes armoiries féodales

אבל האנשים, לעתים קרובות כל כך כשהצטרפו אליהם, ראו על אחוריהם את מעילי הנשק הפיאודליים הישנים

et ils désertèrent avec des rires bruyants et irrévérencieux

והם נטשו בצחוק רם וחסר כבוד

Une partie des légitimistes français et de la « Jeune Angleterre » offrit ce spectacle

חלק אחד של הלגיטימיסטים הצרפתים ו"אנגליה הצעירה" הציג את המחזה הזה

les féodaux ont fait remarquer que leur mode d'exploitation était différent de celui de la bourgeoisie

הפיאודליסטים הצביעו על כך שאופן הניצול שלהם שונה מזה של הבורגנות

Les féodaux oublient qu'ils ont exploité dans des circonstances et des conditions tout à fait différentes

הפיאודליסטים שוכחים שהם ניצלו בנסיבות ובתנאים שונים לגמרי

Et ils n'ont pas remarqué que de telles méthodes
d'exploitation sont maintenant désuètes

והם לא שמו לב ששיטות ניצול כאלה הן כיום מיושנות

Ils ont montré que, sous leur domination, le prolétariat
moderne n'a jamais existé

הם הראו שתחת שלטונם, הפרולטריון המודרני מעולם לא היה קיים

mais ils oublient que la bourgeoisie moderne est le produit
nécessaire de leur propre forme de société

אבל הם שוכחים שהבורגנות המודרנית היא הצאצא ההכרחי של צורת
החברה שלהם

Pour le reste, ils dissimulent à peine le caractère
réactionnaire de leur critique

עבור השאר, הם בקושי מסתירים את האופי הריאקציוני של הביקורת
שלהם

Leur principale accusation contre la bourgeoisie se résume à
ceci

האשמתם העיקרית נגד הבורגנות מסתכמת בדברים הבאים:

sous le régime bourgeois, une classe sociale se développe

תחת המשטר הבורגני מתפתח מעמד חברתי

Cette classe sociale est destinée à découper de fond en
comble l'ancien ordre de la société

מעמד חברתי זה נועד להכות שורש ולהסתעף מהסדר הישן של החברה

Ce qu'ils reprochent à la bourgeoisie, ce n'est pas tant
qu'elle crée un prolétariat

מה שהם מרימים את הבורגנות איתו הוא לא עד כדי כך שזה יוצר
פרולטריון

ce qu'ils reprochent à la bourgeoisie, c'est plutôt de créer un
prolétariat révolutionnaire

מה שהם מרימים את הבורגנות איתו הוא יותר מכך שהוא יוצר
פרולטריון מהפכני

Dans la pratique politique, ils se joignent donc à toutes les
mesures coercitives contre la classe ouvrière

בפועל, אם כן, הם מצטרפים לכל אמצעי הכפייה נגד מעמד הפועלים

Et dans la vie ordinaire, malgré leurs phrases hautaines, ils
s'abaissent à ramasser les pommes d'or tombées de l'arbre
de l'industrie

ובחיים הרגילים, למרות המשפטים הגבוהים שלהם, הם מתכופפים
להרים את תפוחי הזהב שנשרו מעץ התעשייה

et ils troquent la vérité, l'amour et l'honneur contre le commerce de la laine, du sucre de betterave et de l'eau-de-vie de pommes de terre

והם מחליפים אמת, אהבה וכבוד תמורת מסחר בצמר, סלק-סוכר ומשקאות חריפים

De même que le pasteur a toujours marché main dans la main avec le propriétaire foncier, il en a été de même du socialisme clérical et du socialisme féodal

כפי שהכומר הלך יד ביד עם בעל הבית, כך גם הסוציאליזם הפקידותי עם הסוציאליזם הפיאודלי

Rien n'est plus facile que de donner à l'ascétisme chrétien une teinte socialiste

אין דבר קל יותר מאשר לתת לסגפנות הנוצרית גוון סוציאליסטי

Le christianisme n'a-t-il pas déclamé contre la propriété privée, contre le mariage, contre l'État ?

האם הנצרות לא הכריזה נגד רכוש פרטי, נגד נישואין, נגד המדינה?

Le christianisme n'a-t-il pas prêché à la place de la charité et de la pauvreté ?

האם הנצרות לא הטיפה במקום אלה, צדקה ועוני?

Le christianisme ne prêche-t-il pas le célibat et la mortification de la chair, de la vie monastique et de l'Église mère ?

האם הנצרות אינה מטיפה לפרישות ולמוות של הבשר, חיי הנזירות וכנסיית האם?

Le socialisme chrétien n'est que l'eau bénite avec laquelle le prêtre consacre les brûlures du cœur de l'aristocrate

הסוציאליזם הנוצרי אינו אלא המים הקדושים שבהם הכומר מקדש את צריבות ליבו של האריסטוקרט

b) Le socialisme petit-bourgeois

ב) סוציאליזם זעיר-בורגני

L'aristocratie féodale n'est pas la seule classe ruinée par la bourgeoisie

האריסטוקרטיה הפיאודלית לא הייתה המעמד היחיד שנהרס על ידי הבורגנות

ce n'était pas la seule classe dont les conditions d'existence languissaient et périssaient dans l'atmosphère de la société bourgeoise moderne

זה לא היה המעמד היחיד שתנאי קיומו נתלו וגוועו באווירה של החברה הבורגנית המודרנית

Les bourgeois médiévaux et les petits propriétaires paysans ont été les précurseurs de la bourgeoisie moderne

הבורגנים של ימי הביניים ובעלי האיכרים הקטנים היו מבשרי הבורגנות המודרנית

Dans les pays peu développés, tant au point de vue industriel que commercial, ces deux classes végètent encore côte à côte

באותן ארצות מפותחות מעט, תעשייתית ומסחרית, שני מעמדות אלה עדיין צומחים זה לצד זה

et pendant ce temps, la bourgeoisie se lève à côté d'eux : industriellement, commercialement et politiquement

ובינתיים קמה לידם הבורגנות: תעשייתית, מסחרית ופוליטית

Dans les pays où la civilisation moderne s'est pleinement développée, une nouvelle classe de petite bourgeoisie s'est formée

בארצות שבהן הציוויליזציה המודרנית התפתחה במלואה, נוצר מעמד חדש של בורגנות זעירה

cette nouvelle classe sociale oscille entre le prolétariat et la bourgeoisie

מעמד חברתי חדש זה נע בין פרולטריון לבורגנות

et elle se renouvelle sans cesse en tant que partie supplémentaire de la société bourgeoise

והיא הולכת ומתחדשת כחלק משלים של החברה הבורגנית

Cependant, les membres individuels de cette classe sont constamment précipités dans le prolétariat

אבל החברים היחידים של המעמד הזה מושלכים ללא הרף אל תוך הפרולטריון

ils sont aspirés par le prolétariat par l'action de la
concurrence

הם נשאבים על ידי הפרולטריון באמצעות פעולת התחרות

Au fur et à mesure que l'industrie moderne se développe, ils
voient même approcher le moment où ils disparaîtront
complètement en tant que section indépendante de la société
moderne

ככל שהתעשייה המודרנית מתפתחת, הם אפילו רואים את הרגע
המתקרב שבו הם ייעלמו לחלוטין כחלק עצמאי של החברה המודרנית

ils seront remplacés, dans les manufactures, l'agriculture et
le commerce, par des surveillants, des huissiers et des
boutiquiers

הם יוחלפו, בתעשייה, בחקלאות ובמסחר, על ידי משגיחים, פקידים
וחנוונים

Dans des pays comme la France, où les paysans représentent
bien plus de la moitié de la population

במדינות כמו צרפת, שבהן האיכרים מהווים הרבה יותר ממחצית
האוכלוסייה

il était naturel qu'il y ait des écrivains qui se rangent du côté
du prolétariat contre la bourgeoisie

טבעי היה שיש סופרים שצידדו בפרולטריון נגד הבורגנות

dans leur critique du régime bourgeois, ils utilisaient
l'étendard de la bourgeoisie paysanne et de la petite
bourgeoisie

בביקורתם על המשטר הבורגני הם השתמשו בסטנדרט של האיכרים
והבורגנות הזעירה

et, du point de vue de ces classes intermédiaires, ils
prennent le relais de la classe ouvrière

ומנקודת המבט של מעמדות הביניים האלה הם לוקחים את
הקאדג'לים עבור מעמד הפועלים

C'est ainsi qu'est né le socialisme petit-bourgeois, dont
Sismondi était le chef de cette école, non seulement en
France, mais aussi en Angleterre

כך צמח הסוציאליזם הזעיר-בורגני, שסיסמונדי עמד בראש אסכולה זו,
לא רק בצרפת אלא גם באנגליה

Cette école du socialisme a disséqué avec une grande acuité
les contradictions des conditions de la production moderne

אסכולה זו של הסוציאליזם ניתחה בחריפות רבה את הסתירות בתנאי
הייצור המודרני

Cette école a mis à nu les excuses hypocrites des économistes

האסכולה הזו חשפה את ההתנצלויות הצבועות של הכלכלנים

Cette école prouva sans conteste les effets désastreux du machinisme et de la division du travail

אסכולה זו הוכיחה, ללא עוררין, את ההשפעות ההרסניות של מכונות וחלוקת עבודה

elle prouvait la concentration du capital et de la terre entre quelques mains

היא הוכיחה את ריכוז ההון והקרקעות בכמה ידיים

elle a prouvé comment la surproduction conduit à des crises bourgeoises

היא הוכיחה כיצד ייצור יתר מוביל למשברים בורגניים

il soulignait la ruine inévitable de la petite bourgeoisie et des paysans

הוא הצביע על חורבנם הבלתי נמנע של הבורגנים והאיכרים הזעירים

la misère du prolétariat, l'anarchie de la production, les inégalités criantes dans la répartition des richesses

אומללותו של הפרולטריון, האנרכיה בייצור, אי-השוויון הזועק בחלוקת העושר

Il a montré comment le système de production mène la guerre industrielle d'extermination entre les nations

הוא הראה כיצד מערכת הייצור מובילה את מלחמת ההשמדה התעשייתית בין העמים

la dissolution des vieux liens moraux, des vieilles relations familiales, des vieilles nationalités

פירוק הקשרים המוסריים הישנים, יחסי המשפחה הישנים, הלאומים הישנים

Dans ses objectifs positifs, cependant, cette forme de socialisme aspire à réaliser l'une des deux choses suivantes

עם זאת, במטרותיו החיוביות, צורה זו של סוציאליזם שואפת להשיג אחד משני דברים

soit elle vise à restaurer les anciens moyens de production et d'échange

או שהיא שואפת להחזיר את אמצעי הייצור והחליפין הישנים

et avec les anciens moyens de production, elle rétablirait les anciens rapports de propriété et l'ancienne société

ועם אמצעי הייצור הישנים זה ישקם את יחסי הרכוש הישנים, ואת החברה הישנה

ou bien elle vise à enfermer les moyens modernes de production et d'échange dans l'ancien cadre des rapports de propriété

או שהיא שואפת לדחוס את אמצעי הייצור והחליפין המודרניים לתוך המסגרת הישנה של יחסי הרכוש

Dans un cas comme dans l'autre, elle est à la fois réactionnaire et utopique

בכל מקרה, היא ריאקציונרית ואוטופית כאחד

Ses derniers mots sont : guildes corporatives pour la fabrication, relations patriarcales dans l'agriculture

מילותיו האחרונות הן: גילדות תאגידיות לייצור, יחסים פטריארכליים בחקלאות

En fin de compte, lorsque les faits historiques obstinés ont dispersé tous les effets enivrants de l'auto-tromperie

בסופו של דבר, כאשר עובדות היסטוריות עקשניות פיזרו את כל ההשפעות המשכרות של הונאה עצמית

cette forme de socialisme se termina par un misérable accès de pitié

צורה זו של סוציאליזם הסתיימה בהתקף אומלל של רחמים

c) Le socialisme allemand, ou « vrai »

ג) סוציאליזם גרמני, או "אמיתי"

La littérature socialiste et communiste de France est née sous la pression d'une bourgeoisie au pouvoir

הספרות הסוציאליסטית והקומוניסטית של צרפת נולדה תחת לחץ של בורגנות בשלטון

Et cette littérature était l'expression de la lutte contre ce pouvoir

והספרות הזאת היתה הביטוי למאבק נגד הכוח הזה

elle a été introduite en Allemagne à une époque où la bourgeoisie venait de commencer sa lutte contre l'absolutisme féodal

היא הובאה לגרמניה בתקופה שבה הבורגנות רק החלה את מאבקה עם האבסולוטיזם הפיאודלי

Les philosophes allemands, les prétendus philosophes et les beaux esprits, s'emparèrent avidement de cette littérature

פילוסופים גרמנים, פילוסופים לעתיד ואספריטים, נאחזו בשקיקה בספרות זו

mais ils oubliaient que les écrits avaient émigré de France en Allemagne sans apporter avec eux les conditions sociales françaises

אבל הם שכחו שהכתבים היגרו מצרפת לגרמניה בלי להביא איתם את התנאים הסוציאליים הצרפתיים

Au contact des conditions sociales allemandes, cette littérature française perd toute sa signification pratique immédiate

במגע עם התנאים החברתיים הגרמניים איבדה ספרות צרפתית זו את כל משמעותה המעשית המיידית

et la littérature communiste de France a pris un aspect purement littéraire dans les cercles académiques allemands

והספרות הקומוניסטית של צרפת קיבלה היבט ספרותי טהור בחוגים אקדמיים גרמניים

Ainsi, les exigences de la première Révolution française n'étaient rien d'autre que les exigences de la « raison pratique »

לפיכך, הדרישות של המהפכה הצרפתית הראשונה לא היו יותר מאשר הדרישות של "התבונה המעשית"

et l'expression de la volonté de la bourgeoisie française révolutionnaire signifiait à leurs yeux la loi de la volonté pure

ואמירת רצונה של הבורגנות הצרפתית המהפכנית סימלה בעיניהם את חוק הרצון הטהור

il signifiait la Volonté telle qu'elle devait être ; de la vraie Volonté humaine en général

הוא סימל את הרצון כפי שהוא חייב להיות; של רצון אנושי אמיתי באופן כללי

Le monde des lettrés allemands ne consistait qu'à mettre les nouvelles idées françaises en harmonie avec leur ancienne conscience philosophique

עולמו של המשכיל הגרמני כלל אך ורק את הבאת הרעיונות הצרפתיים החדשים להרמוניה עם מצפונם הפילוסופי העתיק

ou plutôt, ils ont annexé les idées françaises sans déserter leur propre point de vue philosophique

או ליתר דיוק, הם סיפחו את הרעיונות הצרפתיים מבלי לנטוש את נקודת המבט הפילוסופית שלהם

Cette annexion s'est faite de la même manière que l'on s'approprie une langue étrangère, c'est-à-dire par la traduction

סיפוח זה התרחש באותו אופן שבו ניכוס שפה זרה, כלומר על ידי תרגום

Il est bien connu comment les moines ont écrit des vies stupides de saints catholiques sur des manuscrits

ידוע היטב כיצד הנזירים כתבו חיים מטופשים של קדושים קתולים על כתבי יד

les manuscrits sur lesquels les œuvres classiques de l'ancien paganisme avaient été écrites

כתבי היד שעליהם נכתבו היצירות הקלאסיות של עבודת האלילים העתיקה

Les lettrés allemands ont inversé ce processus avec la littérature française profane

הספרות הגרמנית הפכה את התהליך הזה עם הספרות הצרפתית הגסה

Ils ont écrit leurs absurdités philosophiques sous l'original français

הם כתבו את השטויות הפילוסופיות שלהם מתחת למקור הצרפתי

Par exemple, sous la critique française des fonctions économiques de l'argent, ils ont écrit « L'aliénation de l'humanité »

למשל, מתחת לביקורת הצרפתית על הפונקציות הכלכליות של הכסף, הם כתבו "ניכור האנושות"

au-dessous de la critique française de l'État bourgeois, ils écrivaient « détrônement de la catégorie du général »

מתחת לביקורת הצרפתית על המדינה הבורגנית הם כתבו "הדחת הקטגוריה של הגנרל"

L'introduction de ces phrases philosophiques à la fin des critiques historiques françaises qu'ils ont baptisées :

הצגתם של ביטויים פילוסופיים אלה בגב הביקורת ההיסטורית הצרפתית שהם כינו:

« Philosophie de l'action », « Vrai socialisme », « Science allemande du socialisme », « Fondement philosophique du socialisme », etc

"פילוסופיה של פעולה", "סוציאליזם אמיתי", "מדע הסוציאליזם הגרמני", "היסוד הפילוסופי של הסוציאליזם" וכן הלאה

La littérature socialiste et communiste française est ainsi complètement émasculée

הספרות הסוציאליסטית והקומוניסטית הצרפתית נמחקה אפוא לחלוטין

entre les mains des philosophes allemands, elle cessa d'exprimer la lutte d'une classe contre l'autre

בידי הפילוסופים הגרמנים היא חדלה לבטא את מאבקו של מעמד אחד עם האחר

et c'est ainsi que les philosophes allemands se sentaient conscients d'avoir surmonté « l'unilatéralité française »

וכך חשו הפילוסופים הגרמנים מודעים לכך שהתגברו על "החד-צדדיות הצרפתית"

Il n'avait pas à représenter de vraies exigences, mais plutôt des exigences de vérité

היא לא הייתה חייבת לייצג דרישות אמיתיות, אלא ייצגה דרישות של אמת

il n'y avait pas d'intérêt pour le prolétariat, mais plutôt pour la nature humaine

לא היה עניין בפרולטריון, אלא היה עניין בטבע האדם

l'intérêt était dans l'Homme en général, qui n'appartient à aucune classe et n'a pas de réalité

העניין היה באדם בכללותו, שאינו שייך לשום מעמד, ואין לו ממשות

un homme qui n'existe que dans le royaume brumeux de la fantaisie philosophique

אדם שקיים רק בתחום הערפילי של הפנטזיה הפילוסופית

mais finalement, ce socialisme allemand d'écolier perdit aussi son innocence pédante

אבל בסופו של דבר גם הסוציאליזם הגרמני הזה איבד את תמימותו הפדנטית;

la bourgeoisie allemande, et surtout la bourgeoisie prussienne, luttait contre l'aristocratie féodale

הבורגנות הגרמנית, ובמיוחד הבורגנות הפרוסית, נלחמו נגד האריסטוקרטיה הפיאודלית

la monarchie absolue de l'Allemagne et de la Prusse était également combattue

גם המונרכיה האבסולוטית של גרמניה ופרוסיה התמודדה

Et à son tour, la littérature du mouvement libéral est également devenue plus sérieuse

ובתורו, גם הספרות של התנועה הליברלית נעשתה רצינית יותר

L'Allemagne a eu l'occasion longtemps souhaitée par le « vrai » socialisme de se voir offrir

ההזדמנות המיוחלת של גרמניה לסוציאליזם "אמיתי" הוצעה

l'occasion de confronter le mouvement politique aux revendications socialistes

ההזדמנות לעמת את התנועה הפוליטית עם הדרישות הסוציאליסטיות

l'occasion de jeter les anathèmes traditionnels contre le libéralisme

ההזדמנות להטיח את ההשמצות המסורתיות נגד הליברליזם

l'occasion d'attaquer le gouvernement représentatif et la concurrence bourgeoise

ההזדמנות לתקוף את הממשלה הייצוגית ואת התחרות הבורגנית

Liberté de la presse bourgeoise, législation bourgeoise, liberté et égalité bourgeoise

חופש העיתונות הבורגני, החקיקה הבורגנית, החירות הבורגנית והשוויון

Tout cela pourrait maintenant être critiqué dans le monde réel, plutôt que dans la fantaisie

את כל אלה אפשר היה לבקר בעולם האמיתי, ולא בפנטזיה

L'aristocratie féodale et la monarchie absolue prêchaient depuis longtemps aux masses

האריסטוקרטיה הפיאודלית והמלוכה האבסולוטית הטיפו זה מכבר להמונים

« L'ouvrier n'a rien à perdre, et il a tout à gagner »

"לאדם העובד אין מה להפסיד, ויש לו מה להרוויח"

le mouvement bourgeois offrait aussi une chance de se
confronter à ces platitudes

התנועה הבורגנית גם הציעה הזדמנות להתעמת עם קלישאות אלה

la critique française présupposait l'existence d'une société
bourgeoise moderne

הביקורת הצרפתית הניחה מראש את קיומה של החברה הבורגנית
המודרנית

Conditions économiques d'existence de la bourgeoisie et
constitution politique de la bourgeoisie

תנאי קיום כלכליים בורגניים וחוקה פוליטית בורגנית

les choses mêmes dont la réalisation était l'objet de la lutte
imminente en Allemagne

אותם דברים שהשגתם הייתה מושא המאבק התלוי ועומד בגרמניה

L'écho stupide du socialisme en Allemagne a abandonné ces
objectifs juste à temps

ההד המטופש של הסוציאליזם הגרמני נטש את המטרות הללו בדיוק
במרוצת הזמן

Les gouvernements absolus avaient leur suite de pasteurs,
de professeurs, d'écuyers de campagne et de fonctionnaires

לממשלות האבסולוטיות היו חסידים של פרסונים, פרופסורים, שונאי
מדינה ופקידים

le gouvernement de l'époque a répondu aux soulèvements
de la classe ouvrière allemande par des coups de fouet et des
balles

הממשלה של אותה תקופה פגשה את ההתקוממויות הגרמניות של
מעמד הפועלים במכות ובכדורים

pour eux, ce socialisme était un épouvantail bienvenu contre
la bourgeoisie menaçante

עבורם שימש הסוציאליזם הזה דחליל מבורך נגד הבורגנות המאיימת

et le gouvernement allemand a pu offrir un dessert sucré
après les pilules amères qu'il a distribuées

וממשלת גרמניה יכלה להציע קינוח מתוק אחרי הגלולות המרות
שחילקה

ce « vrai » socialisme servait donc aux gouvernements
d'arme pour combattre la bourgeoisie allemande

סוציאליזם "אמיתי" זה שימש אפוא את הממשלות כנשק למאבק
בבורגנות הגרמנית

et, en même temps, il représentait directement un intérêt
réactionnaire ; celle des Philistins allemands

ובה בעת, היא ייצגה ישירות אינטרס ריאקציוני; זו של הפלשתים
הגרמנים

En Allemagne, la petite bourgeoisie est la véritable base
sociale de l'état de choses actuel

בגרמניה המעמד הבורגני הקטן הוא הבסיס החברתי האמיתי למצב
הדברים הקיים

une relique du XVIe siècle qui n'a cessé de surgir sous
diverses formes

שריד של המאה השש עשרה שצץ ללא הרף בצורות שונות

Conserver cette classe, c'est préserver l'état de choses
existant en Allemagne

לשמר מעמד זה לשמר את מצב הדברים הקיים בגרמניה

La suprématie industrielle et politique de la bourgeoisie
menace la petite bourgeoisie d'une destruction certaine

עליונותה התעשייתית והפוליטית של הבורגנות מאיימת על הבורגנות
הקטנה בהרס ודאי

d'une part, elle menace de détruire la petite bourgeoisie par
la concentration du capital

מצד אחד, היא מאיימת להרוס את הבורגנות הקטנה באמצעות ריכוז
ההון

d'autre part, la bourgeoisie menace de la détruire par
l'avènement d'un prolétariat révolutionnaire

מצד שני, הבורגנות מאיימת להשמיד אותה באמצעות עלייתו של
פרולטריון מהפכני

Le « vrai » socialisme semblait faire d'une pierre deux coups.
Il s'est répandu comme une épidémie

נראה שהסוציאליזם "האמיתי" הרג את שתי הציפורים האלה במכה
אחת. זה התפשט כמו מגיפה

La robe de toiles d'araignées spéculatives, brodée de fleurs
de rhétorique, trempée dans la rosée du sentiment maladif

גלימת קורי עכביש ספקולטיבית, רקומה בפרחי רטוריקה, ספוגה בטל
של רגש חולני

cette robe transcendantale dans laquelle les socialistes
allemands enveloppaient leurs tristes « vérités éternelles »

גלימה טרנסצנדנטלית זו שבה עטפו הסוציאליסטים הגרמנים את
"אמיתות הנצח" האומללות שלהם

tout de peau et d'os, servaient à augmenter
merveilleusement la vente de leurs marchandises auprès
d'un public aussi

כל העור והעצם, שימשו להגדלת מכירת סחורתם בקרב ציבור כזה

Et de son côté, le socialisme allemand reconnaissait de plus en plus sa propre vocation

והסוציאליזם הגרמני מצידו הכיר, יותר ויותר, בייעודו שלו

on l'appelait à être le représentant grandiloquent de la petite-bourgeoisie philistine

היא נקראה להיות הנציגה הבומבסטית של הפלשתי הזעיר-בורגני

Il proclamait que la nation allemande était la nation modèle, et le petit philistin allemand l'homme modèle

היא הכריזה על האומה הגרמנית כאומת המופת, ועל הפלשתי הגרמני הקטן כאיש המופת

À chaque méchanceté de cet homme modèle, elle donnait une interprétation socialiste cachée, plus élevée

לכל רשעות מרושעת של איש מופת זה היא נתנה פרשנות נסתרת, גבוהה יותר, סוציאליסטית

cette interprétation socialiste supérieure était l'exact contraire de son caractère réel

פרשנות סוציאליסטית גבוהה זו הייתה ההפך הגמור מאופייה האמיתי

Il est allé jusqu'à s'opposer directement à la tendance « brutalement destructrice » du communisme

היא הרחיקה לכת עד כדי התנגדות ישירה לנטייה "ההרסנית באכזריות" של הקומוניזם

et il proclamait son mépris suprême et impartial de toutes les luttes de classes

והיא הכריזה על הבוז העילאי וחסר הפניות שלה לכל מאבקי המעמדות

À de très rares exceptions près, toutes les publications dites socialistes et communistes qui circulent aujourd'hui (1847) en Allemagne appartiennent au domaine de cette littérature nauséabonde et énervante

למעט יוצאים מן הכלל מעטים, כל הפרסומים הסוציאליסטיים והקומוניסטיים כביכול המופצים כיום (1847) בגרמניה שייכים לתחומה של ספרות מצחינה ומסעירה זו

2) Le socialisme conservateur ou le socialisme bourgeois

2) סוציאליזם שמרני, או סוציאליזם בורגני

Une partie de la bourgeoisie est désireuse de redresser les griefs sociaux

חלק מהבורגנות רוצה לתקן עוולות חברתיות

afin d'assurer la pérennité de la société bourgeoise

כדי להבטיח את המשך קיומה של החברה הבורגנית

C'est à cette section qu'appartiennent les économistes, les philanthropes, les humanitaires

לחלק זה שייכים כלכלנים, פילנתרופים, הומניטרים

améliorateurs de la condition de la classe ouvrière et organisateurs de la charité

משפרי מצבו של מעמד הפועלים ומארגני צדקה

membres des sociétés de prévention de la cruauté envers les animaux

חברי אגודות צער בעלי חיים

fanatiques de la tempérance, réformateurs de toutes sortes imaginables

קנאי מזג, רפורמטורים חור ופינה מכל סוג שניתן להעלות על הדעת

Cette forme de socialisme a, d'ailleurs, été élaborée en systèmes complets

יתר על כן, צורה זו של סוציאליזם עובדה למערכות שלמות

On peut citer la « Philosophie de la Misère » de Proudhon comme exemple de cette forme

אנו יכולים לצטט את "Philosophie de la Misère" של פרודון
כדוגמה לצורה זו

La bourgeoisie socialiste veut tous les avantages des conditions sociales modernes

הבורגנות הסוציאליסטית רוצה את כל היתרונות של התנאים החברתיים המודרניים

mais la bourgeoisie socialiste ne veut pas nécessairement des luttes et des dangers qui en résultent

אבל הבורגנות הסוציאליסטית לא בהכרח רוצה את המאבקים והסכנות הנובעות מכך

Ils désirent l'état actuel de la société, sans ses éléments révolutionnaires et désintégrateurs

הם רוצים את מצבה הקיים של החברה, מינוס מרכיביה המהפכניים והמתפוררים

c'est-à-dire qu'ils veulent une bourgeoisie sans prolétariat

במילים אחרות, הם מייחלים לבורגנות ללא פרולטריון

La bourgeoisie conçoit naturellement le monde dans lequel elle est souveraine d'être la meilleure

הבורגנות תופסת באופן טבעי את העולם שבו היא עליונה להיות הטובה ביותר

et le socialisme bourgeois développe cette conception confortable en divers systèmes plus ou moins complets

והסוציאליזם הבורגני מפתח את התפיסה הנוחה הזו למערכות שלמות פחות או יותר

ils voudraient beaucoup que le prolétariat marche droit dans la Nouvelle Jérusalem sociale

הם היו רוצים מאוד שהפרולטריון יצעד ישר לתוך ירושלים החדשה החברתית

Mais en réalité, elle exige du prolétariat qu'il reste dans les limites de la société existante

אבל במציאות זה דורש מהפרולטריון להישאר בגבולות החברה הקיימת

ils demandent au prolétariat de se débarrasser de toutes ses idées haineuses sur la bourgeoisie

הם מבקשים מהפרולטריון להשליך מעליו את כל רעיונות השנאה שלהם בנוגע לבורגנות

il y a une seconde forme plus pratique, mais moins systématique, de ce socialisme

ישנה צורה שנייה מעשית יותר, אך שיטתית פחות, של סוציאליזם זה

Cette forme de socialisme cherchait à déprécier tout mouvement révolutionnaire aux yeux de la classe ouvrière

צורה זו של סוציאליזם ביקשה להפחית כל תנועה מהפכנית בעיני מעמד הפועלים

Ils soutiennent qu'aucune simple réforme politique ne pourrait leur être d'un quelconque avantage

לטענתם, שום רפורמה פוליטית גרידא לא תוכל להועיל להם

Seul un changement dans les conditions matérielles d'existence dans les relations économiques est bénéfique

רק שינוי בתנאי הקיום החומריים ביחסים הכלכליים יועיל

Comme le communisme, cette forme de socialisme prône un changement des conditions matérielles d'existence

כמו הקומוניזם, צורה זו של סוציאליזם דוגלת בשינוי התנאים החומריים של הקיום

Cependant, cette forme de socialisme ne suggère nullement l'abolition des rapports de production bourgeois

עם זאת, צורה זו של סוציאליזם בשום אופן אינה מציעה את ביטול
יחסי הייצור הבורגניים

l'abolition des rapports de production bourgeois ne peut se
faire que par la révolution

ביטול יחסי הייצור הבורגניים יכול להיות מושג רק באמצעות מהפכה

Mais au lieu d'une révolution, cette forme de socialisme
suggère des réformes administratives

אבל במקום מהפכה, צורה זו של סוציאליזם מציעה רפורמות
אדמיניסטרטיביות

et ces réformes administratives seraient fondées sur la
pérennité de ces relations

ורפורמות מנהליות אלה יתבססו על המשך קיומם של יחסים אלה

réformes qui n'affectent en rien les rapports entre le capital
et le travail

רפורמות, אם כן, שאינן משפיעות בשום אופן על היחסים בין ההון
לעבודה

au mieux, de telles réformes réduisent le coût et simplifient
le travail administratif du gouvernement bourgeois

במקרה הטוב, רפורמות כאלה מפחיתות את העלות ומפשטות את
העבודה האדמיניסטרטיבית של הממשלה הבורגנית

Le socialisme bourgeois atteint une expression adéquate
lorsque, et seulement lorsque, il devient une simple figure
de style

הסוציאליזם הבורגני משיג ביטוי הולם, כאשר, ורק כאשר, הוא הופך
לדמות דיבור בלבד

Le libre-échange : au profit de la classe ouvrière

סחר חופשי: לטובת מעמד הפועלים

Les devoirs protecteurs : au profit de la classe ouvrière

חובות מגן: לטובת מעמד הפועלים

Réforme pénitentiaire : au profit de la classe ouvrière

רפורמה בבתי הכלא: לטובת מעמד הפועלים

C'est le dernier mot et le seul mot sérieux du socialisme
bourgeois

זוהי המילה האחרונה והמילה היחידה שמשמעותה ברצינות היא
סוציאליזם בורגני

Elle se résume dans la phrase : la bourgeoisie est une
bourgeoisie au profit de la classe ouvrière

זה מסוכם במשפט: הבורגנות היא בורגנות לטובת מעמד הפועלים

3) Socialisme et communisme utopiques critiques

‫3) סוציאליזם ביקורתי-אוטופי וקומוניזם‬

Nous ne nous référons pas ici à la littérature qui a toujours donné la parole aux revendications du prolétariat

‫איננו מתייחסים כאן לאותה ספרות שתמיד נתנה קול לדרישות‬
‫הפרולטריון‬

cela a été présent dans toutes les grandes révolutions modernes, comme les écrits de Babeuf et d'autres

‫זה היה נוכח בכל מהפכה מודרנית גדולה, כמו כתביו של באבוף‬
‫ואחרים‬

Les premières tentatives directes du prolétariat pour parvenir à ses propres fins échouèrent nécessairement

‫ניסיונותיו הישירים הראשונים של הפרולטריון להשיג את מטרותיו‬
‫שלו נכשלו בהכרח‬

Ces tentatives ont été faites dans des temps d'effervescence universelle, lorsque la société féodale était renversée

‫ניסיונות אלה נעשו בזמנים של התרגשות אוניברסלית, כאשר החברה‬
‫הפיאודלית הופלה‬

L'état alors peu développé du prolétariat a conduit à l'échec de ces tentatives

‫מצבו הבלתי מפותח של הפרולטריון הוביל לכישלון ניסיונות אלה‬

et ils ont échoué en raison de l'absence des conditions économiques pour son émancipation

‫והם נכשלו בשל היעדר התנאים הכלכליים לשחרורה‬

conditions qui n'avaient pas encore été produites, et qui ne pouvaient être produites que par l'époque de la bourgeoisie

‫תנאים שעדיין לא נוצרו, ויכולים להיווצר על ידי התקופה הבורגנית‬
‫הממשמשת ובאה בלבד‬

La littérature révolutionnaire qui accompagnait ces premiers mouvements du prolétariat avait nécessairement un caractère réactionnaire

‫הספרות המהפכנית שליוותה את התנועות הראשונות הללו של‬
‫הפרולטריון הייתה בהכרח בעלת אופי ריאקציוני‬

Cette littérature inculquait l'ascétisme universel et le nivellement social dans sa forme la plus grossière

‫ספרות זו הטמיעה סגפנות אוניברסלית ויישור חברתי בצורתה הגסה‬
‫ביותר‬

Les systèmes socialistes et communistes, proprement dits, naissent au début de la période sous-développée

המערכות הסוציאליסטיות והקומוניסטיות, המכונות כך בצדק, נוצרות בתקופה הלא מפותחת המוקדמת

Saint-Simon, Fourier, Owen et d'autres, ont décrit la lutte entre le prolétariat et la bourgeoisie (voir section 1)

סן-סימון, פורייה, אוון ואחרים תיארו את המאבק בין הפרולטריון לבורגנות (ראו סעיף 1)

Les fondateurs de ces systèmes voient, en effet, les antagonismes de classe

מייסדי מערכות אלה רואים, אכן, את האנטגוניזם המעמדי

Ils voient aussi l'action des éléments en décomposition, dans la forme dominante de la société

הם גם רואים את פעולתם של האלמנטים המתפרקים, בצורה השלטת של החברה

Mais le prolétariat, encore à ses débuts, leur offre le spectacle d'une classe sans aucune initiative historique

אבל הפרולטריון, שעדיין בחיתוליו, מציע להם מחזה של מעמד ללא כל יוזמה היסטורית

Ils voient le spectacle d'une classe sociale sans aucun mouvement politique indépendant

הם רואים מחזה של מעמד חברתי ללא תנועה פוליטית עצמאית

Le développement de l'antagonisme de classe va de pair avec le développement de l'industrie

התפתחות האנטגוניזם המעמדי שומרת על קצב אחיד עם התפתחות התעשייה

La situation économique ne leur offre donc pas encore les conditions matérielles de l'émancipation du prolétariat

כך שהמצב הכלכלי עדיין אינו מציע להם את התנאים החומריים לשחרור הפרולטריון

Ils cherchent donc une nouvelle science sociale, de nouvelles lois sociales, qui doivent créer ces conditions

לכן הם מחפשים מדע חברתי חדש, אחרי חוקים חברתיים חדשים, שעומדים ליצור את התנאים האלה

l'action historique, c'est céder à leur action inventive personnelle

פעולה היסטורית היא כניעה לפעולת ההמצאה האישית שלהם

Les conditions d'émancipation créées historiquement doivent céder la place à des conditions fantastiques

תנאים היסטוריים של אמנציפציה עומדים להיכנע לתנאים פנטסטיים

et l'organisation de classe graduelle et spontanée du prolétariat doit céder la place à l'organisation de la société

והארגון המעמדי ההדרגתי והספונטני של הפרולטריון עומד להיכנע לארגון החברה

l'organisation de la société spécialement conçue par ces inventeurs

ארגון החברה שהוקם במיוחד על ידי ממציאים אלה

L'histoire future se résout, à leurs yeux, dans la propagande et l'exécution pratique de leurs projets sociaux

ההיסטוריה העתידית פותרת את עצמה, בעיניהם, לתעמולה ולביצוע מעשי של תוכניותיהם החברתיות

Dans l'élaboration de leurs plans, ils ont conscience de s'occuper avant tout des intérêts de la classe ouvrière

בגיבוש תוכניותיהם הם מודעים לכך שהם דואגים בעיקר לאינטרסים של מעמד הפועלים

Ce n'est que du point de vue d'être la classe la plus souffrante que le prolétariat existe pour eux

רק מנקודת המבט של היותם המעמד הסובל ביותר, הפרולטריון קיים עבורם

L'état sous-développé de la lutte des classes et leur propre environnement informent leurs opinions

המצב הלא מפותח של המאבק המעמדי וסביבתם שלהם משפיעים על דעותיהם

Les socialistes de ce genre se considèrent comme bien supérieurs à tous les antagonismes de classe

סוציאליסטים מסוג זה רואים עצמם נעלים בהרבה על כל היריבויות המעמדיות

Ils veulent améliorer la condition de tous les membres de la société, même celle des plus favorisés

הם רוצים לשפר את מצבו של כל חבר בחברה, אפילו זה של המועדפים ביותר

Par conséquent, ils s'adressent habituellement à la société dans son ensemble, sans distinction de classe

לפיכך, הם נוהגים לפנות לחברה בכללותה, ללא הבחנה מעמדית

Bien plus, ils font appel à la société dans son ensemble de préférence à la classe dirigeante

לא, הם פונים לחברה בכללותה על ידי העדפת המעמד השליט

Pour eux, tout ce qu'il faut, c'est que les autres comprennent leur système

עבורם, כל מה שנדרש הוא שאחרים יבינו את המערכת שלהם

Car comment les gens peuvent-ils ne pas voir que le meilleur plan possible est le meilleur état possible de la société ?

כי איך אנשים יכולים שלא לראות שהתוכנית הטובה ביותר האפשרית היא למצב הטוב ביותר האפשרי של החברה?

C'est pourquoi ils rejettent toute action politique, et surtout toute action révolutionnaire

לפיכך, הם דוחים כל פעולה פוליטית, ובמיוחד מהפכנית

ils veulent arriver à leurs fins par des moyens pacifiques

הם רוצים להשיג את מטרותיהם בדרכי שלום

ils s'efforcent, par de petites expériences, qui sont nécessairement vouées à l'échec

הם משתדלים, על ידי ניסויים קטנים, שבהכרח נידונו לכישלון

et par la force de l'exemple, ils essaient d'ouvrir la voie au nouvel Évangile social

ובכוח הדוגמה הם מנסים לסלול את הדרך לבשורה החברתית החדשה

De tels tableaux fantastiques de la société future, peints à une époque où le prolétariat est encore dans un état très sous-développé

תמונות פנטסטיות כאלה של החברה העתידית, שצוירו בתקופה שבה הפרולטריון עדיין במצב מאוד לא מפותח

et il n'a encore qu'une conception fantasmatique de sa propre position

ועדיין יש לה רק תפיסה פנטסטית של עמדתה שלה

Mais leurs premières aspirations instinctives correspondent aux aspirations du prolétariat

אבל הכמיהות האינסטינקטיביות הראשונות שלהם מתכתבות עם הכמיהות של הפרולטריון

L'un et l'autre aspirent à une reconstruction générale de la société

שניהם כמהים לשיקום כללי של החברה

Mais ces publications socialistes et communistes contiennent aussi un élément critique

אבל פרסומים סוציאליסטיים וקומוניסטיים אלה מכילים גם מרכיב קריטי

Ils s'attaquent à tous les principes de la société existante

הם תוקפים כל עיקרון של החברה הקיימת

C'est pourquoi ils sont remplis des matériaux les plus précieux pour l'illumination de la classe ouvrière

לפיכך הם מלאים בחומרים היקרים ביותר להארה של מעמד הפועלים

Ils proposent l'abolition de la distinction entre la ville et la campagne, et la famille

הם מציעים לבטל את ההבחנה בין עיר למדינה, ולמשפחה

la suppression de l'exercice de l'industrie pour le compte des particuliers

ביטול החזקת תעשיות על חשבונם של אנשים פרטיים

et l'abolition du salariat et la proclamation de l'harmonie sociale

וביטול מערכת השכר וההכרזה על הרמוניה חברתית

la transformation des fonctions de l'État en une simple surveillance de la production

המרת תפקידי המדינה לפיקוח על הייצור גרידא;

Toutes ces propositions ne pointent que vers la disparition des antagonismes de classe

כל ההצעות הללו, מצביעות אך ורק על היעלמות האנטגוניזם המעמדי

Les antagonismes de classe ne faisaient alors que surgir

האנטגוניזם המעמדי היה, באותה תקופה, רק צץ

Dans ces publications, ces antagonismes de classe ne sont reconnus que dans leurs formes les plus anciennes, indistinctes et indéfinies

בפרסומים אלה האנטגוניזם המעמדי הזה מוכר בצורותיו המוקדמות, הבלתי מובחנות והבלתי מוגדרות בלבד

Ces propositions ont donc un caractère purement utopique

הצעות אלה, אם כן, הן בעלות אופי אוטופי טהור

La signification du socialisme et du communisme critiques-utopiques est en relation inverse avec le développement historique

משמעותם של הסוציאליזם והקומוניזם הביקורתי-אוטופי עומדת ביחס הפוך להתפתחות ההיסטורית

La lutte de classe moderne se développera et continuera à prendre une forme définitive

המאבק המעמדי המודרני יתפתח וימשיך ללבוש צורה מוגדרת

Cette réputation fantastique du concours perdra toute valeur pratique

המעמד הפנטסטי הזה מהתחרות יאבד כל ערך מעשי

Ces attaques fantastiques contre les antagonismes de classe perdront toute justification théorique

התקפות פנטסטיות אלה על אנטגוניזם מעמדי יאבדו כל הצדקה תיאורטית

Les initiateurs de ces systèmes étaient, à bien des égards, révolutionnaires

מחוללי מערכות אלה היו, במובנים רבים, מהפכניים

Mais leurs disciples n'ont, dans tous les cas, formé que des sectes réactionnaires

אבל תלמידיהם, בכל מקרה, יצרו כתות ריאקציונריות בלבד

Ils s'en tiennent fermement aux vues originales de leurs maîtres

הם נאחזים בחוזקה בהשקפות המקוריות של אדוניהם

Mais ces vues s'opposent au développement historique progressif du prolétariat

אך השקפות אלה מנוגדות להתפתחות ההיסטורית המתקדמת של הפרולטריון

Ils s'efforcent donc, et cela constamment, d'étouffer la lutte des classes

לכן, הם משתדלים, וזה בעקביות, להקהות את המאבק המעמדי

et ils s'efforcent constamment de concilier les antagonismes de classe

והם מנסים בעקביות ליישב את היריבויות המעמדיות

Ils rêvent encore de la réalisation expérimentale de leurs utopies sociales

הם עדיין חולמים על מימוש ניסיוני של האוטופיות החברתיות שלהם

ils rêvent encore de fonder des « phalanstères » isolés et d'établir des « colonies d'origine »

הם עדיין חולמים להקים "פלנסטרים" מבודדים ולהקים "מושבות בית"

ils rêvent de mettre en place une « Petite Icarie » – éditions duodecimo de la Nouvelle Jérusalem

הם חולמים להקים "איקריה קטנה" – מהדורות דואודקימו של ירושלים החדשה

Et ils rêvent de réaliser tous ces châteaux dans les airs

והם חולמים להגשים את כל הטירות האלה באוויר

Ils sont obligés de faire appel aux sentiments et aux bourses des bourgeois

הם נאלצים לפנות לרגשותיהם ולארנקיהם של הבורגנים

Peu à peu, ils s'enfoncent dans la catégorie des socialistes conservateurs réactionnaires décrits ci-dessus

במעלות הם שוקעים בקטגוריה של הסוציאליסטים השמרנים הריאקציוניים המתוארים לעיל

ils ne diffèrent de ceux-ci que par une pédanterie plus systématique

הם נבדלים מאלה רק על ידי פדנטיות שיטתית יותר

et ils diffèrent par leur croyance fanatique et superstitieuse aux effets miraculeux de leur science sociale

והם נבדלים זה מזה באמונתם הפנאטית והאמונות הטפלות בהשפעות המופלאות של מדעי החברה שלהם

Ils s'opposent donc violemment à toute action politique de la part de la classe ouvrière

לכן, הם מתנגדים באלימות לכל פעולה פוליטית מצד מעמד הפועלים

une telle action, selon eux, ne peut résulter que d'une incrédulité aveugle dans le nouvel Évangile

פעולה כזו, לדבריהם, יכולה לנבוע רק מחוסר אמונה עיוור בבשורה החדשה

Les owénistes en Angleterre et les fouriéristes en France s'opposent respectivement aux chartistes et aux réformistes

האוונים באנגליה, והפוריירים בצרפת, בהתאמה, מתנגדים לצ'ארטיסטים ול"רפורמיסטים"

Position des communistes par rapport aux divers partis d'opposition existants

עמדת הקומוניסטים ביחס למפלגות האופוזיציה השונות הקיימות

La section II a mis en évidence les relations des communistes avec les partis ouvriers existants

החלק השני הבהיר את יחסי הקומוניסטים עם מפלגות מעמד הפועלים הקיימות

comme les chartistes en Angleterre et les réformateurs agraires en Amérique

כמו הצ'ארטיסטים באנגליה, והרפורמיסטים האגררים באמריקה

Les communistes luttent pour la réalisation des objectifs immédiats

הקומוניסטים נלחמים למען השגת המטרות המיידיות

Ils luttent pour l'application des intérêts momentanés de la classe ouvrière

הם נלחמים למען אכיפת האינטרסים הרגעיים של מעמד הפועלים

Mais dans le mouvement politique d'aujourd'hui, ils représentent et s'occupent aussi de l'avenir de ce mouvement

אבל בתנועה הפוליטית של ההווה, הם גם מייצגים ודואגים לעתידה של תנועה זו

En France, les communistes s'allient avec les social-démocrates

בצרפת כרתו הקומוניסטים ברית עם הסוציאל-דמוקרטים

et ils se positionnent contre la bourgeoisie conservatrice et radicale

והם מעמידים את עצמם מול הבורגנות השמרנית והרדיקלית

cependant, ils se réservent le droit d'adopter une position critique à l'égard des phrases et des illusions traditionnellement héritées de la grande Révolution

עם זאת, הם שומרים לעצמם את הזכות לנקוט עמדה ביקורתית ביחס לביטויים ואשליות שנמסרו באופן מסורתי מהמהפכה הגדולה

En Suisse, ils soutiennent les radicaux, sans perdre de vue que ce parti est composé d'éléments antagonistes

בשווייץ הם תומכים ברדיקלים, מבלי לשכוח את העובדה שמפלגה זו מורכבת מאלמנטים אנטגוניסטיים

en partie des socialistes démocrates, au sens français du terme, en partie de la bourgeoisie radicale

בחלקו של הסוציאליסטים הדמוקרטים, במובן הצרפתי, בחלקו של הבורגנות הרדיקלית

En Pologne, ils soutiennent le parti qui insiste sur la révolution agraire comme condition première de l'émancipation nationale

בפולין הם תומכים במפלגה המתעקשת על מהפכה אגרית כתנאי עיקרי לאמנציפציה לאומית

ce parti qui fomenta l'insurrection de Cracovie en 1846

המפלגה שחוללה את ההתקוממות בקרקוב בשנת 1846

En Allemagne, ils luttent avec la bourgeoisie chaque fois qu'elle agit de manière révolutionnaire

בגרמניה הם נלחמים עם הבורגנות בכל פעם שהיא פועלת בדרך מהפכנית

contre la monarchie absolue, l'escroc féodal et la petite bourgeoisie

נגד המונרכיה האבסולוטית, הסנאי הפיאודלי והבורגנות הזעירה

Mais ils ne cessent jamais, un seul instant, inculquer à la classe ouvrière une idée particulière

אבל הם לעולם אינם חדלים, לרגע אחד, להחדיר למעמד הפועלים רעיון מסוים אחד

la reconnaissance la plus claire possible de l'antagonisme hostile entre la bourgeoisie et le prolétariat

ההכרה הברורה ביותר האפשרית באנטגוניזם העוין בין הבורגנות לפרולטריון

afin que les ouvriers allemands puissent immédiatement utiliser les armes dont ils disposent

כדי שהפועלים הגרמנים יוכלו מיד להשתמש בנשק שברשותם

les conditions sociales et politiques que la bourgeoisie doit nécessairement introduire en même temps que sa suprématie

התנאים החברתיים והפוליטיים שהבורגנות חייבת בהכרח להציג, יחד עם עליונותה;

la chute des classes réactionnaires en Allemagne est inévitable

נפילת המעמדות הריאקציוניים בגרמניה היא בלתי נמנעת

et alors la lutte contre la bourgeoisie elle-même peut commencer immédiatement

ואז עשוי להתחיל מיד המאבק נגד הבורגנות עצמה

Les communistes tournent leur attention principalement vers l'Allemagne, parce que ce pays est à la veille d'une révolution bourgeoise

הקומוניסטים מפנים את תשומת לבם בעיקר לגרמניה, משום שמדינה זו נמצאת ערב מהפכה בורגנית

une révolution qui ne manquera pas de s'accomplir dans des conditions plus avancées de la civilisation européenne

מהפכה שחייבת להתבצע בתנאים מתקדמים יותר של הציוויליזציה האירופית

Et elle ne manquera pas de se faire avec un prolétariat beaucoup plus développé

וזה חייב להתבצע עם פרולטריון הרבה יותר מפותח

un prolétariat plus avancé que celui de l'Angleterre au XVIIe siècle, et celui de la France au XVIIIe siècle

פרולטריון מתקדם יותר מזה של אנגליה במאה השבע עשרה, ושל צרפת במאה השמונה עשרה

et parce que la révolution bourgeoise en Allemagne ne sera que le prélude d'une révolution prolétarienne qui suivra immédiatement

ומשום שהמהפכה הבורגנית בגרמניה תהיה רק ההקדמה למהפכה הפרולטרית שתבוא מיד לאחר מכן

Bref, partout les communistes soutiennent tout mouvement révolutionnaire contre l'ordre social et politique existant

בקיצור, הקומוניסטים בכל מקום תומכים בכל תנועה מהפכנית נגד הסדר החברתי והפוליטי הקיים

Dans tous ces mouvements, ils mettent au premier plan, comme la question maîtresse de chacun d'eux, la question de la propriété

בכל התנועות הללו הם מביאים לחזית, כשאלה המובילה בכל אחת מהן, את שאלת הקניין

quel que soit son degré de développement dans ce pays à ce moment-là

לא משנה מה מידת ההתפתחות שלה באותה מדינה באותה עת

Enfin, ils œuvrent partout pour l'union et l'accord des partis démocratiques de tous les pays

לבסוף, הם פועלים בכל מקום למען איחוד והסכמה של המפלגות הדמוקרטיות של כל המדינות

Les communistes dédaignent de dissimuler leurs vues et leurs objectifs

הקומוניסטים בזים להסתיר את דעותיהם ומטרותיהם

Ils déclarent ouvertement que leurs fins ne peuvent être
atteintes que par le renversement par la force de toutes les
conditions sociales existantes

הם מצהירים בגלוי כי מטרותיהם יכולות להיות מושגות רק על ידי
הפיכה בכוח של כל התנאים החברתיים הקיימים

Que les classes dirigeantes tremblent devant une révolution
communiste

תנו למעמדות השליטים לרעוד ממהפכה קומוניסטית

Les prolétaires n'ont rien d'autre à perdre que leurs chaînes

לפרולטרים אין מה להפסיד מלבד השלשלאות שלהם

Ils ont un monde à gagner

יש להם עולם לנצח

TRAVAILLEURS DE TOUS LES PAYS, UNISSEZ-VOUS !

אנשים עובדים מכל המדינות, התאחדו!

www.ingramcontent.com/pod-product-compliance
Lightning Source LLC
Chambersburg PA
CBHW011743020426
42333CB00024B/3014
* 9 7 8 1 8 0 5 7 2 3 8 5 1 *